『バレエ　その魔法の世界』を推薦します

　クラシックバレエは、日本では洋舞と言うジャンルに分類されていることで分かるように、西洋の伝統芸術です。そこには西洋特有の感性があります。

　私は、クラシックバレエは、手放しで楽しめる素晴らしい芸術であると思っておりますが、西洋ではエリートの芸術とされています。

　なぜならばバレエは、長い歴史を通して創り上げられてきた総合芸術だからです。

　素晴らしい芸術は、全ての調和が取れていることにより、自然で美しいものになります。

　よって観客は何故か分からないけれど感動を得るのです。

　しかし、そこには沢山の約束事があります。

　その約束事を守ることにより、一番大切な道徳に辿り着くのです。

　この本は、この壮大な芸術を分かりやすく、いくつかの項目に分け、どのようにして成り立っているのかを教えてくれると共に、西洋的な感性を磨かさせてくれるものです。

　柴田洋二氏/イリーナ・ミロノワ氏の訳は、ロシア語の微妙なニュアンスを、優しく分かりやすく読みやすくしてくれているので、この様な日本語で読める事はとても嬉しい事です。

　知らずに見れば魔法と感じるバレエ。

　でも、知れば知るほどその魔法の虜になることでしょう。

　この本を読むと、更に深く深く、バレエの魅力に浸って頂ける事と確信しております。

　　　　　　　　　　　一般社団法人ジャパン・バレエ　代表理事　岩田守弘

ヴァレリー・モデストフ

バレエ
その魔法の世界

ロシアのバレエ芸術を通して
魔法の世界を訪ねてみましょう

柴田洋二／イリーナ・ミロノワ：訳

目次

美しさを追求する …………………………………………… 5

歴史を紐解いてみましょう…………………………………… 6
「劇場はもう観客でいっぱいです...」……………………… 10
バレエの脚本を作ってみましょう ………………………… 16
「言葉が不要なところ、音が支配するところ...」………… 22
目に見える音楽 ……………………………………………… 32
振付家はダンスの詩人です ………………………………… 42
注意！ リハーサル進行中 ………………………………… 50
バレエダンサーたちは語ります …………………………… 58
プレパラション！ …………………………………………… 68
「彼は私たちの前にオーケストラの音を散らばらせました...」… 74
心の調和を幾何学で確かめます …………………………… 80
どのようにしてバレエダンサーになれますか？ ………… 85
「あなたは私と同じほど劇場公演が好きですか？」……… 96
真面目な話ですか？冗談ですか？ ………………………… 101
私はあなたに「またお会いしましょう」と言います …… 107

訳者あとがき ………………………………………………… 108

　この本はバレエの素晴らしい世界を紹介します。あなたはこの本を通して、バレエの公演について、それを制作する人について、ダンス芸術のさまざまな未知の世界について、さらにバレエダンサーの舞台裏のことなどについて、多くの新しく興味深いことを知ります。この本は、バレエを始めたいと考えている子供たちや、バレエの魅力的な世界を今から知りたい人から、バレエやバレエ劇場が大好きで、それのない人生は考えられない人までの、バレエに関心のある幅広い人々のためのものです。

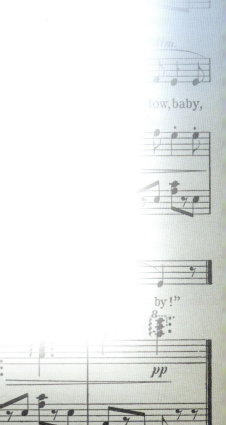

美しさを追求する

　美しさを追求する気持ちは、どんな人でも持っています。しかし、芸術作品に表現された美しさを、見る、聞く、感じる能力は、学ばなければ得ることが出来ません。

　「芸術の言語」という言葉をよく耳にします。これは、「芸術の言語」が独自の文字、単語、文、テキストを持っていることを意味していますか？はい、比喩的な意味でそうです。絵画は色によって、音楽は音によって、バレエはバレエダンサーの表現性のある動きによって、それぞれ私たちに語りかけます。

　けれども、伝えることは対話することとは異なります。

　その性質上、芸術はすべての創作者の独白であり、私たち全員（読者、リスナー、観客）に語られていると同時に、私たち一人一人に個別に語りかけられています。

　芸術作品があなたの魂に触れ、情緒的な反応を引き起こし、あなたを笑わせ、泣かせ、反省させ、共感させた時に、あなたに語られた芸術家の独白をあなたは聞いて、理解します。あなたと芸術の間に目に見えないつながりが生まれ、それがあなたの内なる世界をより明るく、より豊かに、より面白くし、美しさと気高さで満たしてくれます。

　私たちは幼い頃から話すこと、読むこと、書くことを学び、それから私たちは一生の間、語彙を豊かにし、記憶を訓練し、思考を磨きます。

　それと同じように、私たちは芸術の言語をまた学ぶことができます。色の濃淡と線画の織り交ぜを注意深く見ることを学びます。音楽の言葉や楽節を聞くことを学びます。読んだテキストのすべての言葉について深く考えることを学びます。

　バレエは、多くの芸術の要素から構成される総合芸術であるため、バレエを理解するには、創作文学、音楽、視覚芸術、振付、そして劇場芸術についての理解が必要です。

　バレエ公演を鑑賞するすべての人がこの芸術の複雑さを理解しているわけではありません。バレエにはたくさんのさまざまな「未知の世界」があります。

　この物語は「バレエの未知の世界」を学びたい人のためのものです。この物語はあなたがバレエという名前の魔法の国への魅力的な旅を成し遂げるのを手伝ってくれるでしょう。

　では、良い旅を！

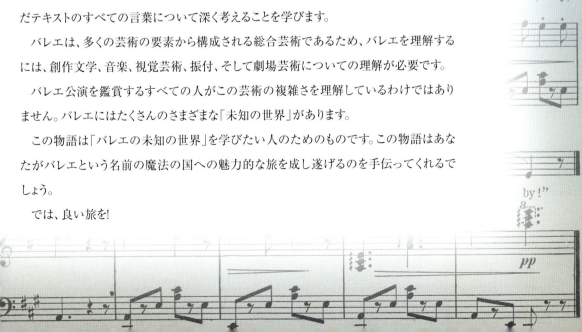

6 歴史を紐解いてみましょう

バレエ…私たちはよくこの言葉を聞いたり、話したり、読んだりしますが、この芸術がロシアにいつ登場したのか、そして「バレエ」という言葉はどこから来たのかについて、すべての人が知っているでしょうか？

300年以上前、ロシアの皇帝アレクセイは、外国の大使からヨーロッパでは踊りの遊びがあることを聞きました。彼は、モスクワで同じような見世物を制作することを家臣に命じました。王の望みには必ず従わなければなりません。一週間後、モスクワ郊外のプレオブラジェンスコエ村で、王室はドイツの作曲家ハインリヒ・シュッツの音楽に合わせて、『オルフェオとエウリディーチェ』のバレエを上演しました。ロシアのバレエの歴史にとって重要なこの出来事は、1673年2月8日に起こりました。このバレエは、当時ロシアの首都であったモスクワの近郊の外国人居住地の若者と、そしてロシアの中流階層の若者によって演じられました。

作者不詳
皇帝アレクセイの肖像

このバレエ作品は古代ギリシャ神話のオルフェオの物語から作られました。主人公のオルフェオは歌い、キファラ（弦楽器の一種でギターの原型）を演奏することで、動植物さえも魅了しました。この物語はヨーロッパの人々の間で何世紀にもわたって人気がありました。この悲しい物語には、多くのバージョンが生まれましたが、大筋では以下のようなものです。

M. ドロラン作
「オルフェオ
とエウリディーチェ」

妻の死後、オルフェオは彼女がいないことをとても寂しく思いました。死の神様の洞窟に入り、そこで亡き妻を見つけようとしました。彼は得意の音楽と歌で、地下の神様をも魅了しました。地下の神様はエウリディーチェを元の世界に戻すことを承諾しましたが、一つの条件を示しました。オルフェオはエウリディーチェとともに洞窟を出るまでは決して彼女を見てはいけません。しかし、最愛の人を見たいという思いがあまりにも強かったので、オルフェオは約束を破

り、彼の後ろを歩いていたエウリディーチェを振り返りました。彼女は死者の王国に再び戻らなければならなくなりました。最愛の人に対するオルフェオの嘆きは、それ以来、別れの恋人たちの歌になりました。

このバレエの上演について皇帝アレクセイがどのように感じたかは分かりません。

当初のバレエは現代のミュージカルを非常に彷彿とさせます。演技者は踊るだけでなく、歌ったり、演説口調で話したりしました。これらは劇場ショーの原型でした。演技はパントマイムで行われ、舞台景色は車輪に乗せられて、その都度移動しました。馬車には山、ピラミッド、噴水などの形が描かれていて、馬車は舞台上で命を得たかのように動き、劇で重要な役割を果たしました。オルフェオとエウリディーチェの物語のロシア語版のバレエでは、オルフェオは彼の音楽と歌でピラミッドを「踊らせ」ました。

ブルボン宮殿でのバレエ公演
1581年

その後、バレエの公演では、歌ったり話したりするのをやめて、ダンスがバレエ公演の中心になり、唯一の表現の要素になりました。

バレエは、演劇やオペラと比べると歴史的にはまだ若いにもかかわらず、大昔にそのルーツを持っています。なぜなら人類の歴史と同じくらい長い間ダンスが存在していたからです。原始の人々はダンスの動きで自分の気持ちを表現しました。彼らは、ダンスの動きで自分たちを取り巻く世界、特に過酷で恐ろしい神々などとコミュニケーションをとりました。そして彼らはダンス、そして犠牲の火が恐ろしい神々をなだめることが出来ると信じていました。

フランスの
古いバレエのシーン

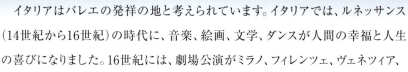

イタリアはバレエの発祥の地と考えられています。イタリアでは、ルネッサンス（14世紀から16世紀）の時代に、音楽、絵画、文学、ダンスが人間の幸福と人生の喜びになりました。16世紀には、劇場公演がミラノ、フィレンツェ、ヴェネツィア、ローマなどの町で始まり、そこでは音楽、歌や踊りが重要な位置を与えられました。

踊りの長所を生かした劇場公演は、イタリア語の balletto（balloはラテン語で「踊る」）を語源とする言葉、バレエと呼ばれるようになりました。同時に、振付家、つまりダンス創作者の職業が生まれました。

バレエの人気がヨーロッパ中に急速に広がりました。人々のこの新しい愛着を後援したヘンリー2世の妻で、イタリア人のカトリーヌ・ド・メディシスのフランスの宮殿でのバレエへの出演は、バレエを国家の行事、国の作法のランクにまで引き上げました。

17世紀に、バレエはロシアに達しました。

バレエを愛着したエリザベータ1世皇帝の後ろ盾もあり、ロシアのバレエは成長し、世界で高い評価を受けるようになりました。彼女の努力により、バレエ芸術アカデミーが初めて開設され、また1742年には、法令により、彼女は最初のロシアのプロのバレエ団を設立しました。この劇団のスターは、アカデミーで学んだ最初のプロのダンサーのアクシニャ・バスカコワとアファナシ・トポルコフでした。

バレエ「ラ・シルフィード」でシルフィード役のイタリアのダンサーマリア・タリオーニ

ロシアのバレエのさらなる発展とヨーロッパでの名声において重要な役割を果たしたのは、二人のフランス人、シャルル・ディドロ（1767-1837）とマリウス・プティパ（1818-1910）です。彼らは卓越した振付家でした。

ディドロは、たくさんの輝かしいロシアのバレエダンサー（マリア・ダニロワ、アヴドチア・イストミナ、エカテリーナ・テレシェワ、アダム・グルシコフスキ

バレエ「ジゼル」でのイタリア人ダンサーカルロッタ・グリジ

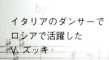

イタリアのダンサーでロシアで活躍したV. ズッキ

ー、ニコライ・ゴルツ、ピョートル・カラティギン）を育て、ロシアのバレエをヨーロッパと同等のレベルに引き上げ、さらなる発展に弾みをつけました。アレクサンドル・プーシキンの詩の作品（『ルスラーンとリュドミラ』、『コーカサスの捕虜』）のバレエを彼は上演しました。振付の改革者であるディドロについて、プーシキンが「そしてディドロに栄光が輝いた」と詩で語りました。彼はクラシックバレエにおける著名で代表的な人物であるとともに、彼の公演は新しい時代の流れ、つまりロマン主義への道を開きました。

V. バラノフ作　シャルル・ディドロの肖像

19世紀の終わり頃のロシアのバレエは「プティパの時代」と呼ばれています。ロシアの振付芸術へのプティパの貢献は極めて重要です。プティパのバレエは、意味の深さ、舞台構成の卓越性、グループ舞踊の振付の美しさ、ソロダンスの見事な開発によって、際立っていました。彼は初めて音楽をバレエ芸術の主人公の一人にしました。プティパが上演したバレエの多くは、今日でも多くの人々を魅了しています。

マリウス・プティパ

ディドロ作のバレエ『ゼフィルとフローラ』のフローラ役のアヴドチア・イストミナの肖像
G. ヨルダン作の版画

考察してみましょう

1. どのようなバレエをディドロはロシアで上演しましたか？
2. どのようなバレエをプティパはロシアで上演しましたか？
3. チャイコフスキーの何のバレエをプティパは上演しましたか？

「劇場はもう観客でいっぱいです…」

この言葉で、プーシキンは、もちろん多くの人が読んだことがある小説『エフゲニー・オネーギン』の最初の章の20番目の行を始めます。

O. キプレンスキー作
詩人アレクサンドル・
プーシキンの肖像
1827年

劇場はもう観客でいっぱいです、バルコニー席は輝いています、
パルテール席ではすべてがわくわくしています、
天井桟敷の客は我慢できず、もう拍手しています、
幕は音を立てながら上がります。

彼の小説の執筆から約2世紀が経ちましたが、劇場でのバレエ上演開始へのわくわくする期待の雰囲気はほとんど変わっていません。

観客席に子供の観客がたくさんいる朝と昼の公演では、特別な楽しさに満ちたムードが支配します。子供たちは母親やおばあさん、お兄さん、お姉さんと一緒に、または年長の子供たちや先生と一緒に、時には一人で劇場にやって来ます。

恥ずかしがり屋の人、騒々しい人、静かな人、すごくおしゃれな人、少し身なりが良い人、バレエに頻繁に来る人、初めて劇場に来た人など、皆、奇跡を期待して待っています。そして期待外れにはなりません。奇跡は

公演を待つボリショイ
劇場の観客席

ロシアのボリショイ劇場の建物

ホワイエから始まります。ここの壁には、バレエダンサーの写真、公演のポスターが掛けられていて、さらに陳列窓には、劇場の衣装、エスキース、舞台の装飾模型、有名な公演のチラシなどが展示されています。シンデレラのバレエシューズやスパルタクスの兜を見るのは面白いですよね！子供たちは好奇心を持って演劇に関係するものをじっくり見て、第一印象を互いに伝え合います。

私の書棚の中の特別な書類ファイルには、若い観客との会話の記録が保存されています。最近作られたものもあれば、10、20、30年前に作られたものもあります。彼ら、以前の女の子たち、男の子たちは今や大人になり、母親と父親になり、自分の子供たちをバレエの公演に連れて行きます。

これらの記録の中で、ピョートル・チャイコフスキーのバレエ『くるみ割り人形』に関する彼らの印象の一部を以下に示します。さまざまな時期にさまざまな劇場で、バレエ公演の開始前にされた会話を私がメモしたものです。

T. フョードロワ作
ピョートル・チャイコフスキーの肖像

（ダーシャ、7歳、サンクトペテルブルク）。

「私は以前にテレビでバレエ『眠れる森の美女』を見たことがあったよ。でも、劇場は家で見るよりも楽しかったよ。ここにはたくさんの子供たちがいて、美味しいアイスクリームもあった。私はバレエが大好きです。バレエには美しい音楽と色々なダンスがあるよ。お母さんは『くるみ割り人形』の話を私に読んでくれたの。このバレエをダンサーたちはどのように踊るのかな…」

（アンジェリカ、13歳、モスクワ）

「私はバレエ、特に『くるみ割り人形』が大好きです。私は別の劇場やテレビでこのバレエを見たことがあります。これは物語だけど、でも本当の話です。一言も言葉として話されないけど、とても良く理解できます。音楽とダンスの言葉は、月明かりに照らされてきらきらと美しく輝く夜の雪片のようなものです。私はマーシャと同じことを感じます。早くバレエが始まってほしいなぁ」

チャイコフスキーのバレエ「くるみ割り人形」のシーン

（アレクサンドル、15歳、モスクワ）

「私はおとぎ話が好きな時代を卒業して、もう大人になりました。私はサイエンスフィクションの方が好きです。でも、バレエはまったく別のものです。これだけが二人の若い男女の関係について言葉なしで語ることができます。私にとって、『くるみ割り人形』は忠誠について、そして悪を克服する善についての物語です。私は今日、カーチャと一緒にバレエ公演を見に来ました。彼女はダンスと演劇を勉強しています。これは私からの彼女への誕生日プレゼントです」

ボリショイ劇場プレミアダンサーのニコライ・ツィスカリーゼが王子役を演じる

いま、上演開始を告げるベルが鳴っています。観客は客席に入ります。客席ホールには輝くシャンデリア、壁のレリーフの金の彩色、ベルベットの肘掛け椅子、きらきら輝く重そうな幕などの美しい装飾で観客を出迎えます。ホワイエは徐々に人けがなくなります。客席ホールは、人々の声の重なり、子供たちの笑い声、プログラムを読むときの音のカサカサなどで満ちています。ここではプーシキンの詩で書かれているように「みんなわくわく」しています。

ようやく、ライトがゆっくりと消え、遅れて来た観客は、すでに着席している人々に謝りながら席に向かいます。指揮者がオーケストラピットに登場します。指揮者が指揮棒を一振りすると、ホールはチャイコフスキーの魅惑的な音楽で満たされ、あなたを魅了し、しばしあなたを素晴らしい夢の世界、希望と不安、期待の世界へ

連れて行きます。そこで若者たちは期待、出会い、不安を感じ、もはや子供じみた欲望はなくなり、心がわくわく鼓動し、そして若々しい高貴な衝動と、人が人生で一度だけ経験するような感情の世界へ導かれ、その時、彼らは子供時代に永遠の別れを告げます。

　序曲（公演開始前の音楽的導入の曲で、公演の雰囲気を観客に伝えるもの）が終わり、幕がゆっくりと開き、クリスマスをお祝いする会を人々が待つシーンが現れます。クリスマスは私たちが一番好きな祭日の一つです。人々がこの日が好きな理由は、この日にお互いに贈り物をするのが習慣であることだけではありません。もう間近な新年の到来とともに、人々は幸せな変化の始まりを期待しています。観客は、特に少年少女の観客は息を止め、舞台で何が起こっているのかを見守っています。彼らは大人になりそうな少女マーシャの運命が気がかりで仕方がありません。マーシャの心配と期待は、彼らの心配と期待でもあります。

　公演の魔法の時間が来ました。観客席にはたくさんの人々がいますが、観客一人ひとりと、バレエ公演の出演者との間で、気持ちがつながります。これが劇場芸術の大きな魔法です。出演者たちは、自分たちの運命を観客だけに任せ、彼らだけに自分たちの夢を伝えます。

　観客は芸術的創造が行われる場にまさにいます。そして、自分たちが今見る演技は、バレエという芸術の中で一度しか見ることが出来ません。すごいことですよね！同じ出演者たちで明日演技される時、それはどうしても異なってしまいます（バレエダンサーは人であり、彼らの気持ちは変わる可能性があり、客席の反応は異なります）。

　バレエ公演は映画ではありません。映画はいくら繰り返されても、それは常に同じです。劇場では、それぞれの公演が最初で、また最後のものであり、その都度異なります。公演の成功と運命は、舞台と観客の一体感に大きく依存します。観客が静かで、舞台で何が起こっているのかを観客が息を呑んで見ているなら、バレエ公演は成功です。

　時間はあっという間に過ぎていきます。お別れの時間が来ます。『くるみ割り人形』のバレ

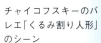

チャイコフスキーのバレエ「くるみ割り人形」のシーン

P. ニルス作
バレエ「くるみ割り人形」のチケット
1901

エは終了します。オーケストラの最後のコードの音がします。幕がゆっくり閉まります。感動した観客は、バレエダンサーと舞台監督（公演を制作する振付家）に彼らの公演に対する大きな拍手で感謝します。

　私は少年少女たちが見る時間帯に行われる公演を見るのが大好きです。彼らは楽しいことに最も誠実で、最も感謝して、最も素直な観客だからです。彼らは心を大きく開いて劇場にやって来て、優しさに会い、瞬きもせずに舞台を見ます。しかし同時に、彼らはわずかなうわべだけの誤魔化しでさえ感じ取るので、最も厳しい批評家でもあります。彼らが見たものについての意見は興味深く、時には予想外ですが、常に率直です。

　バレエ『くるみ割り人形』の終了後に、人々と会話した時のメモの記録の一部を次に示します。

A. シェイネル作
E. ホフマンのおとぎ話
「くるみ割り人形」のイラスト
1924年

（スヴェトラーナ、17歳、サンクトペテルブルク）
「私はバレエがずっと好きでした。私がこのバレエを見るのはこれが初めてではありません。今日、私は妹を連れてきました。彼女は12歳です。私は、このバレエを見て、子供の頃の私に戻ったような気持ちになりました。作曲家と振付家は、私の昔の子供の頃の夢を盗み見したようでした。だけど彼ら自身も子供の時代がありました。マーシャと王子のデュエットは、とても可愛い初恋の宣言です。ダンサーは、自分の役の感情を、言葉で伝えるよりも、より良く伝えていました。このバレエを、女の子としての気持ちになって初めて見たとき、その後、ぼんやりと一週間過ごしたことを覚えています。そして面白いことに、この公演の後、妹もちょっと物思いにふけっています。私の5年前と同じように、彼女は話さなくなりました。私は彼女の気持ちを理解しています。そのような沈黙は大きな価値があります」

（ボリス、12歳、ペルミ）
「僕は音楽とバレエが好きです。特に音楽演劇が大好きです。どのように説明すれば良いかわからないけど、公演後は周りの世界を見る目が変わります。もちろん、これはすべておとぎ話であり、現実とはまったく異なります。でも、人は時には夢を見ることも必要だと思います。モスクワでは、ボリショイ劇場でバレエ『スパルタクス』を見ました。これはすごいです！」

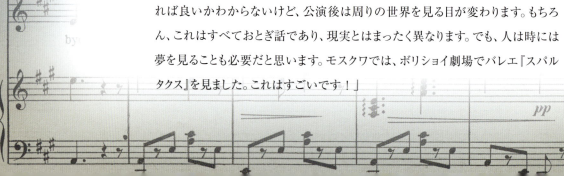

ボリショイ劇場のプリマ・バレリーナ エカテリーナ・マクシモワがマーシャ役を演じる

（アナスタシア、13歳、モスクワ）

「私は『くるみ割り人形』を何回見ても飽きません。バレリーナのエカテリーナ・マクシモワはとても少女らしいので、バレリーナたちの中で最高のマーシャです。私は家の鏡の前で同じように回転しています。私たちのクラスでは、男の子も含めて、誰もが彼女が大好きです。女の子は誰もが王女になることを夢見ていて、そして自分が人に誇れるような王子に出会いたいです」

バレエ公演は感動がいっぱいです！

バレエ公演は、ある人々には、彼らを作品について深く考えさせます。また、ある人々には、彼らの心の奥深くに隠されている魂の弦をゆさぶります。さらにある人々には芸術への道を示します。これらの感動の瞬間のために、振付家とバレエダンサーは生きて働き、創造し、観客に自分たちの素晴らしい芸術、バレエを贈ります。

たくさんの女の子と男の子が家に帰る時に、「私は大きくなってから、『くるみ割り人形』のマーシャや王子のように踊ります」と言うでしょう。しかし、彼らの中のほんの僅かな人だけが自分の言葉を実現します。

考察してみましょう

1. なぜあなたはバレエが好きですか？
2. バレエ劇は、ドラマ演劇（オペラ、人形劇）とどう違いますか？
3. あなたはどのようなバレエ公演をこれまで見ましたか？

バレエの脚本を作ってみましょう

クラシックバレエの公演は素晴らしいものです。でもその仕事は何から始まりますか？

それは、上演されるバレエの主な出来事（ストーリー）の詳細な記述を含む文学的な脚本の制作から始まります。その脚本には、登場人物たちの特徴と性格が描かれています。このような脚本は、バレエの劇作家によって作られます。

ヨーロッパの音楽劇場に最初のオペラとバレエのための脚本が登場した17世紀以来、脚本は「小さな本」を意味する美しいイタリア語のリブレットと呼ばれ、その作者はリブレティストと呼ばれています。

バレエの脚本と映画の脚本の主な違いは、例えば、バレエの脚本はストーリーの内容を解釈して、ダンスの言葉で「語り伝える」ことが出来ることです。バレエでは言葉の代わりに、表現性のある動きによって、人間の感情の豊かさや、出演者の行為の意味を明らかにします。

学校生活からの簡単な例を示します。

良い成績をもらったときや、授業が休みになったと聞いたとき、子供たちはどのように喜びを表現しますか？女の子は手を叩いたり、跳ねたり、体を回します。男の子たちはジャンプしたり、踊り出したり、冗談

バレエ「シンデレラ」の
シーンとシンデレラ役

で悪ふざけをしたりします。あなたはそのようなシーンをほぼ毎日のように見ています。そして時々あなた自身がそれらに参加します。その時、一言も話されませんが、誰もがすべてを理解しています。学校の成績のこと、または授業が休みになったことについて、女の子たちや男の子たちは、自分の気持ちを体の動きで伝えているように見えます。こういう場面はバレエシーンにきっとなるでしょう！

　バレエの脚本はいくつかの機能を果たします。一つは、バレエ公演の内容が言葉で表されています。脚本は、バレエ音楽と、バレエの振付創作のための文学的な基礎になります。また、脚本を短くまとめたあらすじは、観客が舞台での出来事をより良く理解するのに役立つので、公演チラシに使われます。

　それでは、一緒にバレエの脚本を作ってみましょう。

　ところで皆さんは、もちろん、醜いアヒルの子についてのハンス・アンデルセンの素晴らしい物語を覚えていますね。この話を別の方法で伝えるとどうなりますか？例えば、次のようになります。

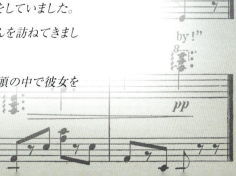

　5年生のボーリャ・ザイツェフは、サッカーの試合でとても上手にゴールを決めることが出来るので、学校でボーリャ爆撃機と呼ばれていました。ボーリャはまた近所では怖がられている存在で、学校の先生にとっても、問題のある生徒でした。けんか好きで、いじめっこの彼は毎日誰かと争ったり、何か悪いことをしていました。

　しかし、ある日、住宅団地の中庭に普段見かけない少女が現れました。彼女は花の茎のように細く、とても大きな青い目と、軽く飛ぶような歩き方をしていました。日曜日、彼女はボーリャの家族と同じ建物に住んでいるお祖母さんを訪ねてきました。その少女はボリショイ劇場のバレエ学校で勉強していました。

　ボーリャはすぐに将来のバレリーナが好きになり、彼は自分の頭の中で彼女を

「目の青い子」と名付けました。毎週日曜日の朝、ボーリャは女の子の姿を見逃さないように、建物の入り口でうろうろしていました。いつも、彼女は11時頃に来て、「こんにちは！」と丁寧に言いました。その後、建物に入り、姿を消しました。

普段から、ボーリャは近所や学校の女の子とうまく仲良くすることが出来ませんでした。彼は女の子の三つ編みの髪を引っ張り、かばんを取ったり、意地悪にからかったりしたので、女の子たちは彼と会ったときに、すぐに逃げ出しました。

しかし、目の青い子はとても美しく、他の子とは違っていたので、ボーリャはたまらないほどに彼女と友達になりたいと思いました。でもどうすれば友達になれるか彼には分かりませんでした。

ある日、ボーリャは外に出るのが少し遅れてしまい、女の子がすでに庭を歩いていました。その時、隣の地区に住んでいる男の子が、目の青い子の手からバレエのかばんを奪うところを、彼は見ました。ボーリャはトビのようなスピードで、いじめっ子のところに駆けつけました。その男の子は彼と喧嘩するのが怖いので、速足で逃げました。

「どうもありがとう」女の子は丁寧に感謝しました。
「私の名前はナターシャ。私のお祖母さんはここに住んでいるの」
「知っているよ」ボーリャは恥ずかしそうに小さな声で言いました。
「あなたの名前は？」女の子は尋ねました。
「ボーリャ、ボーリャ・ザイツェフ。僕はこの建物に住んでいるよ」
「初めまして！」女の子はお辞儀をしました。
「あなたはバレエが好きですか？」
「バレエ？でも、僕はバレエを見たことがないよ」ボーリャは正直に言いました。
「大丈夫。何でもすべてに初めてがあるから。このことは私のお祖母さんがいつも言っていることよ。今月の最後の土曜日に、ボリショイ劇場でバレエ学校のコンサートが開催されるの。もしあなたが行きたいなら、私はあなたをこのコンサートに招待するよ」

ボーリャは同意して頷きました。

目の青い子はかばんを開け、美しい招待状を取り出してボーリャに渡しました。
「さようなら、ボーリャ、コンサートの後に会いましょうね」

土曜日までの毎日、ボーリャは目の青い子と、そしてもちろんバレエに出会うことを楽しみにしていました。『バレエ、このとても美しくて、何か神秘的な言葉はどん

ロディオン・シチェドリン指揮のバレエ「せむしの仔馬」のシーン

なことを意味しているのだろう？』とボーリャは思いました。

　彼は喧嘩をしなくなり、服装と髪型が綺麗になり、さらに学校の成績も良くなり始めました。ボーリャの母親と先生たちは、そのような劇的な変化の理由が分からなかったけれども、とても喜んでいました。

　ついに待望の土曜日がやってきました。朝からボーリャは鏡の前で自分の姿を何べんも見ていました。「花束を持って行ったら？バレリーナには花をあげるのが習慣ですよ」というお祖母さんの勧めに恥ずかしがらずに従いました。

　劇場はとても豪華で、ボーリャを驚かせました。しかし、何よりも彼はコンサート、特に軽やかなチュールのスカートを着て、他の3人の女の子と1人の男の子と踊った青い目の子の演技がとても気に入りました。ボーリャは彼女に心から拍手し、彼女と美しく上手に踊った男の子をとても羨ましく思いました。そして公演の後、彼はドアに厳格に書かれた「スタッフ専用入口」のところで青い目の子に会い、彼女に花束を手渡しました。

　この思い出に残る日から、ボーリャの人生は180度変わりました。彼はバレエに恋をし、青い目の子と友達になりました。そして、彼女のアドバイスで、彼はダンスを学び始めました、そして、誰にとっても予想外のことでしたが、彼は振付学校に入学することが出来たのです。今、彼は『白鳥の湖』で王子を踊ることを夢見ています。

ボリショイ劇場のプリマバレリーナ マイヤ・プリセツカヤが皇帝の乙女役を演じる

これは、町で皆が怖がる男の子で、喧嘩好きな、いじめっ子のボーリャ（『醜いアヒルの子』）が、真面目な青年ボーリャ・ザイツェフに変化し、その後、バレエダンサーになった物語のすべてです。

そして今から、皆さん、この物語をダンスの踊りで、語り伝えてみましょう。

* * *

シーン1：春。授業開始前の校庭。何人かの女の子がダンスを練習しています。男の子たちは互いに新しい空手テクニックを見せ合っています。男の子の中の誰かが、「成績の良い女の子」の歩き方をまねして、からかっています。小さい子供たちは縄跳びや鬼ごっこをしています。

シーン2：突然、いじめっ子が現れます。彼は女の子の遊びの邪魔をして、男の子と喧嘩を始めて、自分と目が合った子をいじめます。春の朝は台無しになり、もう楽しさも喜びもなくなりました。

シーン3：二人の女の子、アーニャとナターシャが学校の庭に出て来ました。アーニャは皆と同じ学校で学び、ナターシャはボリショイ劇場のバレエ学校で学んでいます。アーニャは同級生たちにナターシャを紹介しました。アーニャは、ナターシャに今度の卒業パーティーで彼女らが踊るダンスを教えて欲しいと頼みました。女の子たちはいじめっ子には興味がありません。ナターシャはワルツから始めることを提案しますが、アーニャはもっと現代的なダンスを教えて欲しいと頼みます。いじめっ子は女の子が自分のことを無視していることに腹を立てています。彼は彼女らに駆け寄り、ナターシャのあらゆる動きを真似てからかいます。アーニャはいじめっ子に怒って、彼を追い払おうとします。しかし、ナターシャはアーニャを止めます。ナターシャはいじめっ子に近づき、彼の手を取り、彼を彼女のダンスのパートナーになるように誘いました。見知らぬ女の子からのそのような予想外の誘いにびっくりしたものの、いじめっ子は素直に、彼女の動きを真似して、複雑なダンスの動きを始めます。他のすべての子供たちもダンスを始めます。ナターシャといじめっ子のダンスは、最初は恥ずかしそうな様子だったけれども、いつの間にか、心が通じ合う相手を見つけた二人の気持ちを不思議なほどに素直に表わすようになりました。クラスの始まりを

告げる学校の鐘が鳴り、彼らのダンスは中断されます。校庭にはすぐに誰もいなくなります。ナターシャはアーニャといじめっ子に別れを告げて去ります。1時間後、彼女は劇場でリハーサルを始めます。

シーン4：ボーリャは皆よりも遅く、ゆっくりと校舎の入口に向かって歩いています。彼はナターシャのこと、自分たちの素晴らしいダンスのことを少しの間立ち止まって思い出します。そして彼はもはやいじめっ子ではなくなりました。子供時代は終わりました。ボーリャは想像の世界で、自分がダンスでナターシャを上手に導くハンサムで、すらっとした格好の良い若者だと思っています。そして今、彼はすでにおとぎ話の王子であり、彼の友達の女の子にいじわるするすべての人と戦うつもりです。ナターシャとボーリャのファンタジーのダンスは、子供時代へのお別れであり、未知のものへの、そして美しいものへの期待です。

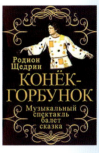

バレエ「せむしの仔馬」のポスター

二回目の鐘が鳴ります。ボーリャは夢を見るのをあきらめて、仕方なく授業に行きます。彼は彼女と別れることを、寂しく感じるけれども、新しい素晴らしい出来事への期待を持っています。

さて、私たちの脚本は、作曲家を魅了して、彼にこのバレエの音楽を作曲してもらわなければなりませんね。

カレン・ハチャトゥリアン作のバレエ「チッポリーノ」のシーン

考察してみましょう

1. バレエの脚本に使われた有名な物語をあなたは何か知っていますか？
2. 本で読んだ物語とバレエ公演で見た同じ物語との違いは何ですか？
3. バレエ公演にはどんな文学作品でも使うことが出来ますか？

22

「言葉が不要なところ、音が支配するところ…」

V. マコフスキー作
音楽の夕べ
1906年

みなさん、私たちが音の世界の中にいると考えたことはありますか？

海の波の音、雷、風のうなり声、小川のせせらぎ、葉のざわめき、つららの落ちる音、鳥のさえずり、バッタの鳴き声…数十、数百の異なる音が合わさって気まぐれなメロディーとリズムになります。それらを聞いて、真似ることにより、人間は自らの最高の作品の一つである音楽を創造しました。

今日、音楽のない人生を想像することは困難です。テレビ、ナイトクラブやダンスフロア、劇場やコンサートホール、ラジオ、そしてあなたが決して手放せないヘッドフォンなど、どこからでも音楽は聞こえます。

音楽は、人間の感情、夢、理想を音で表わした無限の世界です。

I. マカロフ作
バイオリンを持つ少年
1886年頃

ハープの音は銀色が入り交ざった青、
バイオリンの叫びはダイヤモンドのクリスタルの輝き、
チェロは濃い霧がかかったような蜂蜜、

トランペットから吹き出される赤い音の流れ、

芦笛それは雷が去った後の紺碧の空、割れた水晶、朝露で濡れた道、

鈴の音は透明な夢、

ピアノは海の潮騒、

　この詩の作者は詩人コンスタンチン・バリモントです。音楽を聞くことは、音楽の意味していることに、そして音楽の芸術的な世界に入り込むことです。

　人の情緒的なムードを作り出す音楽には大きな力があります。「音と同じくらいの力を持つものは何がありますか？」、「人は言葉と音を通して互いに仲良くなります。至福、喜び、苦しみ、愛、敵意。私たちはそれらを言葉と音で表します」と作家のエヴドキア・ロストプチーナは言いました。

　音楽の世界は多様です。ここではダンス音楽、より正確に言うならばバレエ音楽について話しましょう。

　バレエは、脚本、音楽、振付、美術などのいくつかの要素で構成される総合的な芸術です。そのため、4人の作者がいます。脚本家、作曲家、振付家、舞台美術

24

K. ソモフ作
ロシアのバレエ
1930

エドガー・ドガ作
舞台上の二人のバレリーナ
1874年

家です。しかし、伝統的な決まりで、最初に名前が挙げられるのは音楽を作る人の名前、つまり作曲家です。これは通常次のように紹介されます：チャイコフスキーのバレエ『白鳥の湖』、アダンのバレエ『ジゼル』、プロコフィエフのバレエ『シンデレラ』、シチェドリンのバレエ『せむしの仔馬』。

作曲家の名前は、劇場のポスターやバレエ公演のプログラムで最初に書かれています。詩人のアレクセイ・プレシェエフは、作曲家を「人々の心を強力に動かす存在」と呼びました。「作曲家は、高く純粋な願望を目覚めさせ、疲れた悲しみの魂を癒し、つらい気持ちを和ませる、これらを実現する天賦の贈り物を授かりました！」

バレエ音楽はどのように作られますか？作曲家はどうやってそれを作り出すのですか？

すべてはアイデア、計画から始まります。将来上演されるバレエ公演のテーマについて、まず、作曲家一人で、または振付家と一緒に、それを見つけ出したり、考え出したりします。その時、そのテーマについて作曲家自身が大変興味を持つことが大事です。これを行うために、作曲家は数十の脚本、文学およびその他のテキストを読みます。

一つの例：チャイコフスキーは、バレエ『くるみ割り人形』の音楽を書く前に、E.T.A.ホフマンの物語『くるみ割り人形』と『ねずみの王様』を注意深く何度も読み、作曲する音楽の輪郭について振付家と話し合いました。

もう一つの例：有名なバレエ『白鳥の湖』を書くずっと前に、チャイコフスキーは妹の邸宅で子供たちのためにいくつかの家庭演劇を作って見せました。そのうちの一つは『白鳥の湖』の物語でした。チャイコフスキーは、このテーマに長い間、興味があったので、この物語のバレエ音楽を作りたくなりました。

さらにもう一つの話：フランスの作曲家アドルフ・アダンは、病気の療養のために、サンクトペテルブルクにしばらく滞在しました。その間に、彼はロシアの観客のために『海賊』というバレエを作曲しました。アダンはプーシキンの詩『バフチサライの泉』に触発されてこの音楽を作りました。

ある作曲家は森の中に一人で散歩している時に音楽を作曲することが多いと言います。別の作曲家は空白の楽譜と完全な静けさに触発されて作曲します。また他の作曲家は…。この話は無限に続くでしょう。創造性の公式はありません。なぜなら、あらゆる種類の芸術的創造のように、作曲することを一般化することは出来ません。それは、人それぞれで非常に異なります。新しい音楽の出現は常に奇跡の誕生に似ています。例えば、詩人のヴァレンティン・シドロフは、作曲家の創造的なインスピレーションの瞬間を次のように表現しています。

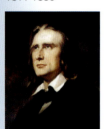

ハンガリーの作曲家兼名手ピアニスト フランツ・リスト
1811-1886

ドイツの作曲家兼ピアニスト ヨハネス・ブラームス
1833-1897

フランスの作曲家 ジョルジュ・ビゼー
1838-1875

彼はピアノの鍵盤の上に手を思い切り振り下ろします、
音を失った宇宙にまた音が鳴り響きます！
彼は突然のハーモニーに驚きます、
目に見えないオーケストラのインスピレーションを感じ、
彼は息が出来ないくらいです、部屋が狭苦しくさえ感じます、
音楽を創造するとき、戦う相手は神です！
星は霧の混沌に落ち込みます、
暗闇は雷と風が溢れています、
大地は何も見えず、何もありません、
しかし、神の生気は水の上で風のように飛んでいます。

　バレエでは、言葉が音楽に置き換えられます。音楽は、物語の展開を伝え、役の性格、アクション、登場人物の気持ちを明らかにし、振付家にダンスの形を決める示唆を与えます。音楽は、いわば、バレエダンサーの動きの表現性の中で「目に見える」ようになります。

　さらに、作曲家はバレエの中に入っているさまざまな民族ダンスの音楽も作曲します。それらには舞踏会、祭日のイベント、そして民族のお祭りにおける民族ダンスのための音楽が含まれています。振付家のプティパは、チャイコフスキーと『くるみ割り人形』のバレエについて話し合っている時に、作曲家に、第一幕でカーニバルの衣装を着た子供たちがクリスマスツリーの周りで踊るために、たくさんの異なる民族ダンスの曲を作曲するように依頼しました。これらは、中国舞踊、スペイン舞踊、イタリアのタランテラ、英国のジグ、フランスのカンカン、ロシアのトレパック、さらにカドリール、速いギャロップです。

　振付家の要望に応えて、チャイコフスキーがそのような音楽を作曲しました。『くるみ割り人形』のバレエ公演では、この音楽を聞くだけではなく、この音楽に合わせたアーティストの踊りによって「見る」こともできます。このようなミニコンサートはディベルティメントと呼ばれ、バレエ公演の全体のストーリーにうまく適合します。

　民族のダンスのメロディーとリズムに基づいて、バレエのための曲を含む、さまざまな音楽作品が登場しました：フランツ・リストのフォルテピアノ曲『ヴェネツィアとナポリ』にはイタリアのタランテラが、ヨハネス・ブラームスによる『ハンガリー舞曲集』にはハンガリーのチャルダーシュが、ジョルジュ・ビゼーのオペラ『カルメン』には

ジャズ演奏家

スペインのハバネラとセギディーリャが夫々基礎として含まれました。

ジャズもバレエに関係しました。リズム、表現、即興そして人々の活気のあるコミュニケーション、これらのジャズ音楽の独創性に、ダンサーや振付家は大変興味を持ちました。そしてジャズ音楽はダンス芸術の一つのスタイル（ジャズダンス）を生み出しました。

ジャズの即興演奏者は、アンサンブルのパートナーと協力して作品を作る特別なタイプの演奏家です。即興演奏は芸術の対話、すなわち音楽の言葉による様々なコミュニケーションです。楽器は、時には個別に、時にはグループで、いわば互いに話し合います。

A. ルジェフスカヤ作
音楽
1902-1903

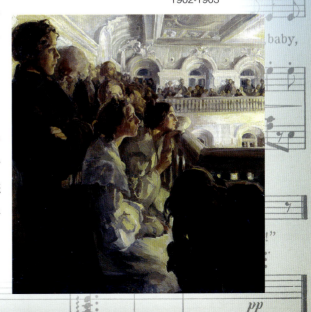

ジャズはアフリカ音楽の複雑なリズムを持っています。それを理解するための最良の方法は、足で床を2回叩き、同時に両手で3回叩くことです。継続的に足で叩くリズムを維持しながら、同時に手拍子を2回と3回に、もしくは、3回と2回に交互に試してください。

そのような課題は経験豊富な専門家にとってさ

え難しいかもしれません。でもアフリカ人は非常に簡単にそれを行います。

　現代のジャズ音楽の例としては、古典的な音楽形式「バリエーションのあるテーマ」に従って構成された器楽作品があります。まず、アンサンブルが決められたテーマを演奏し、次にソリストが即興で、交代でバリエーション（ソロパート）を演奏し、他のミュージシャンが伴奏します。ジャズの音楽のテーマとしては、人気のある映画、ミュージカル、演劇のメロディーが使われたり、またはジャズのために特別に曲が作られる場合もあります。

ジャズダンス

　ジャズ、より正確にはその前身であるラグタイムを使用した最初のバレエ公演としては、イーゴリ・ストラヴィンスキーのパントマイム・バレエ「兵士の物語」（悪魔と兵士の一種の音楽的かつ表現性のある動きによる「決闘」）があります。

　ラグタイム（英語の不規則な時間 - 不規則なリズムに由来）は、アフリカ系アメリカ人の音楽、特にバンジョー（弦楽器）の演奏による歌と踊りの影響を受けて、19世紀末にアメリカに現れました。

　当初のジャズは独特のピアノの演奏スタイルでした。ピアニストは右手で自由なリズムでメロディーを演奏し、左手でベースサウンドとコードを均等に交替しながら演奏しました。その後、明瞭な伴奏を背景にしたリズムパターンの中断、強調の変化、メロディーのリズムの変化がラグタイム

バレエにおけるジャズダンス

の主な特徴を構成するようになり、ジャズの色彩の一つになりました。

　今では多くの演出家や振付家が、ジャズやジャズダンスを活発に利用して、ミュージカル、映画、コンサートの演目や寸劇、バレエダンスのミニチュアを制作しています。

　19世紀半ばまで、バレエ音楽は脚本

を単に説明的に再現していて、舞台でのダンスの一種の伴奏として機能していました。その後、音楽と振付のドラマツルギーの基礎を築いたチャイコフスキーの作品がまさに、ロシアの交響曲の発展に弾みを与えました。

　交響曲とはどういう意味ですか？通常の音楽とどう違うのですか？

　解釈を簡単にするために、次のように比較してみましょう。例えば、プーシキンの韻文小説『エフゲニー・オネーギン』やミハイル・レールモントフの叙事詩『ムツィリ』が、かれらの個々の詩と異なるのと同じように、オーケストラは通常の音楽とは異なります。小説家はこれらの作品で、多くのテーマ、主人公、筋書き、対立、時代などを深く包括的に語っています。

　同じように交響曲も多面的かつ多次元的であるため、たくさんの種類の楽器で演奏されます。通常、楽器はソロ、もしくはアンサンブルで特定のテーマを演奏します。オーケストラでは楽器が多数あるので、さまざまな音の限りない組み合わせが提供されます。雷鳴、耳をつんざくようなものから、かろうじて聞こえる、愛撫するほど柔らかいものまでの音です。

　バレエ交響曲は、バレエ公演で演奏される音楽における主要な部分を構成しています。そしてバレエ交響曲は、振付家の創作力を、作曲家の構想に従って具現化するための「方向付け」をします。チャイコフスキーはバレエ交響曲の基礎を作りました。彼は、対比、策案、そしてテーマとライトモチーフの変換、などを通して、劇における出来事の内的な意味と論理を明らかにしました。彼の作り出したバレエ交響曲の基礎は、他のロシアの作曲家、アレクサンドル・グラズノフ、イーゴリ・ストラヴィンスキー、セルゲイ・プロコフィエフ、ロディオン・シチェドリンの作品に受け継がれました。

K. コスタンディ作
音楽演奏家
1891年

　バレエ音楽の優れた特質の一つは、その踊りやすさです。音楽のダンス性は、ダンスを「快適」にする性質の組み合わせです（明確なリズム、メインメロディーと伴奏のアクセント、バレエダンサーの身体能力を考慮して、テンポを速くしたり遅くしたりする可能性、そして一時停止）。アダン（『ジゼル』）、レオン・ミンクス（『ラ・バヤデール』の影のシーン）、チャイコフスキー（『白鳥の湖』）、プロコフィエフ（『ロミオとジュリエット』）、アラム・ハチャトゥリアン（『スパルタクス』）のバレエは、ダンス表現として比喩に富み、ストーリー性を持つ、質の高いダンス性を持つ音楽の実例です。

オペラ公演のダンスのシーンは、バレエ音楽の発展に大きく貢献しました。例えば、アレクサンドル・ボロディンのオペラ『イーゴリ公』の有名な「だったん人の踊り」や、シャルル・グノーのオペラ『ファウスト』の「ワルプルギスの夜」のシーンです。

音楽とバレエは当然のことながらパフォーミング芸術と呼ばれています。演奏者だけが、楽譜を音に変えて音楽を演奏することができます。彼らだけが、私たちを、作曲家が自らの作品に作り出した感情や気持ちの世界に導くことができます。

しかし、私たちはバレエ音楽を聞きたいだけでなく、「見たい」気持ちもあります。従って、振付家は自らの創造性で、音楽を、ダンス的かつ表現性のある体の柔軟な動き、ダンスのシーン、アンサンブル、対話、独白に変換し、バレエダンサーは振付家のアイデアをバレエで表現します。

このようにして、舞台芸術の奇跡、バレエが生まれます。

ハンブルクバレエ団のダンサーによるグスタフ・マーラー作曲の交響曲第3番

ボリショイ劇場のソリストによるセルゲイ・プロコフィエフ作曲の「古典交響曲」

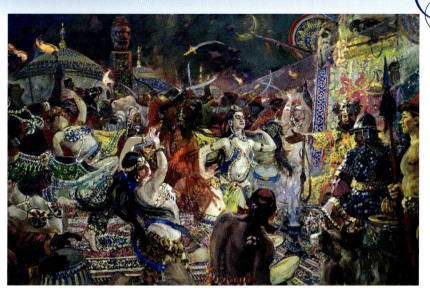

A. ゲラシモフ作
だったん人の踊り
A. ボロディンのオペラ
「イーゴリ公」のダンス
シーン

考察してみましょう

1. バレエを作曲した人の名前を知っていますか？
2. チャイコフスキーはどのようなバレエ曲を作りましたか？
3. バレエ以外に、何という名前の音楽舞台でダンスが行われていますか？

I. ビリビン作
だったん人の女の衣装
ボロディンのオペラ
「イーゴリ公」のための
エスキース
1930年

目に見える音楽

セルゲイ・オブラスツォフ
1901-1992

オブラツォフ記念人形劇場の入口にある有名な音楽時計

「空を見ている子供が、浮かぶ雲の中に、太ったカバ、ふわふわの野うさぎ、白熊や他の動物、そしておとぎ話の登場人物などの奇妙な姿を見ないのなら、その子は想像力が欠けています」かつての偉大な創作家であり、素晴らしい俳優であり、人形劇演出家でもあり、モスクワの人形劇劇場に名前が冠せられているセルゲイ・オブラスツォフは、悲しそうにこのように言いました。

私ならばこのように言います。「もしくは、その子供は想像力を失いました」なぜならすべての子供たちは生まれた時からユニークで、才能があるからです！

彼らの中には想像力を発達させる人もいれば（親、親戚、先生たちがこれを支援してくれます）、そうでない人もいます。

子供たちが作り出す遊びのことを思い起こしてみましょう。これらは素晴らしい見世物です。この遊びの中で、子供たちは脚本家、演出家、バレエダンサー、舞台美術家、そしてもちろん観客になります。子供の想像力の世界は無限大です。

ある女の子が人形に綺麗な服を着せています。彼女は、色とりどりの布の切れ端、クリスマスツリーについていたキラキラの飾り、色紙などから、人形のための色々なドレスを作り出し、美しい髪型を作り、王子と踊る舞踏会に行かせます。女の子にとって、これは単なる遊びです。でも、どこかの劇場では、公演での演技者の衣装のために、衣装美術家のおばさんが、この女の子と同じようにマネキンをドレスアップしています。このことをこの女の子は知りません。

または、男の子は、教会の護衛軍と、王様の軍隊との間の戦いの場となるお城と、城壁をブロックで作っています。彼らは舞台美術家に見えませんか？それだけではありません。その後、彼は粘土から形作るか、紙から切り取るかして、戦い合う主人公たちのミニチュアを城の前に置きます。舞台美術家は、公演のために情景のレイアウトを作成するときに大体同じことを行います。

子供たちが遊びの中で頻繁に使う「僕は『誰か』だよ。ここは『どこか』だよ」という魔法の言葉は、どんなものでも生きものにさせてしまいます。その言葉は、普通の女の子と男の子を、美しい王女と恐れを知らない英雄に、母親と父親に、医者と教師に、電車の運転手と船長などに変えます。

この言葉の魔法の力を使って、私たちがあたかもバレエ劇場の観客席にいると想像してみましょう。

　序曲の最後の楽節で、幕がゆっくりと開きます。森の中の小さな草地、白い白鳥の群れが飛ぶ湖の岸、そして暗い岩が私たちに見えます。
　観客席は爆発したかのような長い拍手がされます。これは聴衆が、この魔法の美しさを作った舞台美術家に対する感謝です。
　チャイコフスキーのバレエ『白鳥の湖』のこのシーンは、これから始まる素晴らしいバレエ公演の序曲のようなものだと、皆さんは思いませんでしたか？これから舞台美術のことについて述べてゆきます。詩人ウラジーミル・マヤコフスキーがこの舞台美術について素晴らしく語りました：

チャイコフスキーのバレエ「白鳥の湖」のシーン
振付家ユーリー・グリゴロヴィッチ、舞台美術家シモン・ヴィルサラーゼ

他の演劇のことではありません、
バレエ劇場は暗くて、まるでドアの鍵穴越しに舞台を見ます、
人々は座って、静かにじっと、正面から、またはバルコニーから、
自分とは異なる人生の一コマを垣間見ます、
バレエも本物の人生を見せるのですが、
でもバレエでは人生が特別の素晴らしい情景に変わります。

D. ショスタコーヴィチのバレエ「黄金時代」のシーン
振付家グリゴローヴィッチ、舞台美術家ヴィルサラーゼ

A. ゴロビン作
不死身の老人
I. ストラヴィンスキー作曲のバレエ「火の鳥」
衣装エスキース
1921年

　バレエは並外れた見世物です。ほとんどの場合、非現実的な人生を表した情景になっているけれども、本当の心の気持ちを感じさせます。悲しみ、喜び、憤慨、感動の気持ち、そして善を行う主人公と同じようになりたいという気持ちを持たせます。

　演劇公演とは異なり、バレエ公演の舞台デザインの特徴は、それが音楽、演劇、ダンスの統一性によって決定されることです。

　舞台美術における色と形の表現は、バレエ公演の音楽および振付の内容を明らかにするために役立つべきであり、舞台をギャラリーのように使ってはいけません。同時に、舞台はダンスために十分な広さを保たなければいけません。衣装デザイナーが作るバレエダンサーの衣装は、シルク、チュール、ガス織などの適切な素材を使用して、ダンスの演技中に軽くて快適である必要があります。

　バレエの舞台では、すべてが音楽とダンスに従属しています。バレエ公演の美術家は舞台美術という目に見える音楽のクリエーターです。この目に見える音楽は、人の様々な感覚を呼び起こします。それは空間リズム、色調、色と光のコントラストなどです。色と光はバレエ公演において特別な役割を果たし、観客の情緒的な雰囲気を作り出します。

　ロシアのバレエ演劇の歴史には、演劇装飾文化の発展に独自の貢献をした多

くの著名な舞台美術家の名前が刻まれています。これらの美術家として、ピエトロ・ゴンザーガ、カール・ワルツ、コンスタンチン・コロービン、アレクサンドル・ゴロビン、レオン・バクスト、アレクサンドル・ベヌワ、ヴァディム・リンディン、ヴァレリー・レベンタル、ボリス・メッセレル、スタニスラフ・ベネディクトフの名前が挙げられます。

　20世紀のバレエ舞台の本当の魔術師は、舞台美術家であるボリショイ劇場のシモン・ヴィルサラーゼ（1909-1989）でした。彼はバレエ公演におけるバレエダンサーの表現をより良く伝えるために、舞台美術における統合的なデザインを上手に

K. コローピン（舞台美術家でもあった）作
自画像
1938年

S. イワノフ作
舞台美術家A.ベヌワの肖像
1944年

A. ゴロビン（舞台美術家でもあった）作
自画像
1912年

S. ニコリスカヤ作
舞台美術家ヴァレリー・レベンタルの肖像

作りました。有名な振付家ユーリー・グリゴローヴィッチは、ヴィルサラーゼとの卓越した、かつ創造的なコラボレーションで、様々なバレエ作品を上演しました。それらは『石の花』、『愛の伝説』、『くるみ割り人形』、『スパルタクス』、『白鳥の湖』、『イワン雷帝』などでした。

　公演に関わる舞台美術家の仕事はどこから始まりますか？

　他の美術家と同様にエスキースから始まります。それは予備的な下書きとして、舞台美術家の考えを紙に表現したものです。エスキースは非常に多く作らないといけない時があります。エスキースは舞台の構図、空間の計画、今後上演される公演のデザインの主な色の比率、登場人物の衣装などの輪郭を作ります。舞台美術家と振付家が最初に話し合うのはエスキースのことです。

　舞台美術家のエスキースには、独自の歴史的および芸術的価値があります。例えば、18～19世紀の変わり目に、華麗なイタリアの美術家ピエトロ・ゴンザーガは、40年の間、際立った舞台美術の才能でロシア社会を魅了しました。彼のエスキースは今でも保存されているので、私たちは彼の作品を賞賛するだけでなく、彼がデザインしたバレエ公演のためのアイデアも知ることができます。現代のある批評家は「ゴンザーガの素晴らしい装飾は観客を夢想の世界に誘いました。また

その遠近法の驚くべき正確さと、構成の美しさが観客を感動させました」と語りました。

どの舞台美術も残念ながらもう今は見ることが出来ませんが、しかし、保存されたエスキースからその時の美しさを推測することができます。

ヴィルサラーゼが作ったエスキースもまた今でも保存されています。そのため、ヴィルサラーゼのエスキースによってデザインされた舞台美術で上演されているグリゴローヴィチのバレエ公演の制作のプロセスを、私たちは今でも知ることが出来ます。

舞台美術家ヴィルサラーゼ

パーヴェル・バジョーフのウラルの物語の中で「銅山の持ち主」のストーリーがあります。それを劇にした『石の花』のバレエ公演のイメージとして、マラカイトの箱の絵が舞台の背景に大きく描かれていて、そしてその箱からは魔法のように、ダンスアクションや舞台構成が登場します。ヴィルサラーゼによるこのような芸術的な創造は、舞台の上で行われるリアルでファンタスティックな出来事を統合して、舞台空間を効果的に機能させるのに役立つだけでなく、振付家の創作力を力強く後押しします。

バレエ『愛の伝説』のストーリーの構成要素を示しているのは、舞台の背景に描かれている大きな衝立です。衝立が閉じているときは、それは古代の中東の本に似ています。衝立を開くと劇の一つ一つの場面の、造形的な背景を観客に見せます。そこには、まるで本に書いてある中東の伝説の英雄が、私たちの前に本物のように生き生きと現れます。ヴィルサラーゼによって発明された「本」は振付家の想像性に大きな視野を与え、振付家が、人間の精神の偉大な力をダンスの言語で伝えることを助けます。

舞台美術家ヴィルサラーゼと振付家グリゴローヴィッチが新しいバレエの装飾模型について話し合う

バレエ『くるみ割り人形』では、ストーリーの構成要素と芸術的イメージをクリスマスツリーが表しています。一方、幕が開く前に、降る雪が幕に映し出されますが、これは、公演における視覚的また動的な効果の一つです。

ヴィルサラーゼがこれらの作品にどのように取り組んだか、彼が何を変えたか、何を使わなかったか、何を作り直したか

について、ボリショイ劇場博物館に保管されている彼のエスキースはその答えを示しています。

　さまざまなバレエで、さまざまな舞台美術家が独自のオリジナルのデザイン効果を探究しています。彼らがどのような進め方でそのような効果を達成しているのかを観察することは大変に興味深いことです。

　エスキースはまた、バレエ公演の配色を決めます。ヴィルサラーゼのセットや衣装には、バクストのような色の激しさはありません。色は控えめに使用されていて、常に表現的かつ比喩的に使われ、バレエ音楽の視覚的な「感じ取り」を可能にし、振付家に対しては創作力に刺激を与えます。さらに、劇場デザインの主な

プロコフィエフのバレエ「石の花」のシーン振付家グリゴローヴィチ、舞台美術家ヴィルサラーゼ

バレエ「愛の伝説」のための舞台美術家ヴィルサラーゼによる舞台装飾エスキース

チャイコフスキーのバレエ「くるみ割り人形」のシーン
振付家グリゴローヴィッチ、
舞台美術家ヴィルサラーゼ

仕事は舞台や観客席に意図的に特定の情緒的な雰囲気を作り出すことであるため、エスキースはバレエ公演の照明の譜面を作成するための基礎として機能します。

エスキースがほぼ完成すると、舞台美術家はバレエ公演の舞台模型と衣装の作成に進みます。舞台模型は、舞台の大きさと構成を特定の縮尺で再現していて、バレエ公演のデザインを視覚的に表現します。

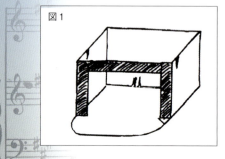

図1

舞台模型はどのように作りますか？

一緒に作ってみましょう。最初に、バレエ『白鳥の湖』のなじみのあるシーンのデザインを考えて作ります（これまでにあなたが見た、もしくは自分が思いつくバレエのどんなシーンでも選ぶことが出来ます）。次に、いくつかのエスキースを作成する必要があります。例えば、次のようになります。湖の岸は木々に囲まれ、右側は断崖で、そこからは邪悪な魔法使いが現れ、左側は木の茂みで、白鳥がそこから泳いで出てきます。

エスキースがうまくいったら、舞台模型の作成に進みます。これを行うには、例えば靴の箱を使い、蓋を外して箱の底に重ねます。開いた側を自分たちに向けて箱を横に置きます。それは舞台の箱

図2

のようなものとなります。そして一部の音楽劇場のように観客に向かって舞台に少し傾きを作ります（観客席から舞台がより良く見えるようにするためです）。

次に、はさみで、箱の開いた側の輪郭に沿って貼るための縁紙を作成します。縁紙は1～1.5cmの幅にして箱の輪郭に貼り付けます。貼り付けが終わると、箱にアーチ（図1を参照）が出来上がります。アーチの役目は、舞台を観客席から分けることです。

舞台模型の準備ができました。次に、舞台の背景（箱の奥）と同じサイズの紙を用意して、エスキースに描かれているのと同じように空、湖、木、茂み、岩のイメージを再現しましょう。これは、三つの方法で行うことができます。一つは紙に直接絵具で描きます。二つ目は別の紙に描かれた要素（空、湖、木、茂み、岩）を切り取って紙に接着します。三つめは古い雑誌などでカラー写真を見つけて、必要な部分を切り取り、それを紙に接着します。

出来上がった絵（背景）は、舞台模型にきちんと接着します。次に、紙で作られた木や茂みを背景の手前の側壁に配置することができます（図2を参照）。

作業は終わりました。出来上がった舞台模型について、振付家と話し合うことができます。舞台装飾物は舞台の背景や舞台脇に沿って設置されます。そして、舞台中央の空間はダンス演技のために開放されているので、振付家は私たちの仕事に満足してくれると思います。

チェレプニンのバレエ「ナルキッソスとエコー」のための舞台美術家レオン・バクストによる衣装エスキース

さて、バレエの衣装について少し述べたいと思います。衣装はある登場人物、または別の登場人物の歴史的、民族的、または日常的な特徴を明らかにします。また衣装は軽くて快適に踊ることが出来る必要があります。

バレエ衣装の基本はダンスユニフォームです（男性用のレオタード、短い上衣、女

性用のレオタード、チュニック、チュチュ）。これに基づいて、物語の登場人物の衣装が作成されて、デザイン化されます（例えばオデットの衣装、『石の花』のダニラとカテリーナの衣装、オネーギンとタチアナの衣装など）。

ヴィルサラーゼの衣装の色は、装飾の色と合わせています。これらの色は、装飾や照明と相互に作用して、静的な舞台装飾の絵画的テーマを想起させて、かつ補完し、さらに色彩と色調の動きの要素を導入します。

選択され承認された風景と衣装のエスキースは美術工房に送られ、そこで職人の熟練した手によって、劇場の舞台のサイズと構成に応じて、つまり観客席のどこからでも見える風景を作り出します。他方、劇場の衣装係によって、役を演じる出演者のサイズや体型に合わせて衣装が縫い付けられます。

公演の舞台装飾物には、演技中に俳優に必要な小道具や舞台小物（造花や果物、武器、宝石、「くるみ割り人形」のボートなど）も含まれます。これらは劇場の特別な工房で作られています。

バレエ「火の鳥」のためのバクストによる火の鳥の衣装エスキース
1910年

装飾やその他のデザイン要素が作られ、そして衣装が縫われている間に、振付家がバレエ団やソリストとともに、公演のための振付に活発に取り組んでいます。次の章ではこのことをお話しします。

バレエ「眠れる森の美女」のためのバクストによる黒人男性衣装エスキース

K.ドビュッシーの音楽作品に基づくバレエ「牧神の午後」のためのバクストによる牧神（ヴァツラフ・ニジンスキー）の衣装エスキース
1912年

バレエ公演のためのコスチューム

考察してみましょう

1. 劇場では、あなたは公演の装飾や出演者の衣装に興味を持って見ていますか？
2. あなたは舞台美術家の誰かの名前を知っていますか、そして彼らはどのバレエ公演をデザインしましたか？
3. バレエ公演の衣装は、日常の服とどう違いますか？

振付家はダンスの詩人です

この言葉は正しいでしょうか？

有名な振付家のカシヤン・ゴレイゾフスキーは、これは本質をついた表現であり、振付家を表す唯一の正しい言葉であると考えました。なぜなら「バレエは、音楽と同じように詩的に、そして人々を崇高な精神で満たすように表現しなければならないものだからです」

音楽についてプーシキンはこう言いました：

「とても深い！何と言う勇気と優雅さ！モーツァルト、あなたは神です。そしてあなた自身はそのことを知りません」プーシキンの言葉は振付とその作者（振付家）にそのまま適用可能であり、振付作品は音楽と密接に関連している、と私は考えています。音楽は振付家の創作力を刺激し、方向付けます。彼らの中には間違いなくモーツァルトに匹敵する人がいます。

皆さんは、この章では、バレエ公演の主な制作者、つまり振付家に焦点を当てていることにすでに気づいていますね。

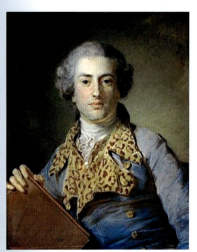

作者不詳
J.ノーヴェル（フランスのダンサー、振付家、バレエの改革者）の肖像画

これはどのような職業ですか？振付家とは、例えば、演劇において、演技を創作する演出家の職業とどのように異なりますか？

あなたたちの多くは学校の演劇クラブで活動している間、演出家の仕事を見たことがあります。そしてあなた自身はおそらく何度も演出家をしていて、学校の行事または子供用の劇を行いました。

バレエは、ダンス芸術であるだけでなく、劇のジャンルでもあるため、音楽と劇を有機的に組み合わせていて、演技としての側面と、ドラマとしての側面の両方を有しています。

ドガ作
舞台上のバレエリハーサル

「バレエは演劇であるため、ドラマ的な作品と同じ要素で構成する必要があります」と、振付芸術の偉大な改革者であるジャン＝ジョルジュ・ノヴェール（1727-1810）は言いました。

この観点からバレエ公演を考えると、演劇の演出家と振付家には本当に多くの共通点があります。しかし、彼らの活動には大きな違いがあります。演劇の演出家は劇作家がすでに創作した劇を演出します。しかし振付家はバレエの脚本と音楽に基づいて、自分自身でバレエ公演の「ダンスのテキスト」を作ります。

バレエ公演はどのように作られていますか？

それぞれの振付家はバレエ公演を自分のスタイルで作ります。このプロセスが創造的であるがために、決まったレシピはないし、またあり得ません。

ニコライ・ゴーゴリは振付家のことを的確に定義しました。彼は振付家のことを輪の踊りのリーダーと呼んでいました。すなわち彼は個性をもつ人々の一体感を創造し、導く人物です。人々は手をつないで、輪の踊り（これはロシアのフォークダンスの一つの名前です）をします。5人、7人、10人が皆、同じ動きをしようとする気持ちを持つと、新しい意味、つまり新しい一体性の意味が生まれます。輪の踊りのリーダーはこの一体性の創造者になります。劇場における振付家の演出活動においては、この一体化することが大変に重要な意味を持つと、私は考えます。

ドガ作
ダンスレッスン
1871-1874

この一体性はどのように達成されますか？振付家の創作活動はいくつかの段階に分かれています。まずは、脚本に基づいて、彼はこれから上演されるバレエ公演のバレエ的なストーリー展開のあらましを作ります。次にバレエと音楽の織りなす模様を感じて頭に入れます。そして、音楽のニュアンスを「聞いて」、そのニュアンスをバレエダンサーの体の造形的な動きで、ダンスで、そしてダンスのコンビネ

振付家モーリス・ベジャールとプリセツカヤがリハーサルを行う

ーションで表現します。振付家の仕事は、単にバレエダンサーのための「ダンスのテキスト」を作成するだけでなく、舞台と観客の間に精神的なつながりを確立し、観客の感動の火花を引き起こすようなダンスの劇的な表現手段を見つけることです。

どんな劇場公演でも、特にバレエは、本質的には、観客に向けられた振付家の独白です。それは作品の時代についての、そして人間の情熱と運命についての彼の物語であり、彼の世界観の表現であり、またそれは、文学、音楽についての彼のビジョンそして解釈です。

フランスの振付家シャルル・ディドロ(1767-1837)は、プーシキンの時代にサンクトペテルブルクで長年働きました。彼は、ロシアのバレエ芸術がヨーロッパにおける最も優れたものになることに大きく貢献しました。

バレエを愛する人々は、すでにこの時代において、ディドロの作品の意図や内容を理解し、次のように言いました。「彼は主人公の優雅な体の表現性のある動きを通して、私たちに自らの詩的な心を伝えました」

これはとても的確な言葉です！

バレエ『くるみ割り人形』の主人公のマーシャの踊りで、作曲家は音楽によって、振付家はダンサーの表現性のある動きによって、大人になりつつある女の子たちの詩的な気持ちを表現しようと試み

J. ギルロイ作
ディドロが妻のローズとパリソ夫人とダンスを踊る
1796年

ました。彼女らは子供時代に別れを告げ、新しい未知の世界、彼女らの心がときめく楽しそうな少女の世界、初恋の時代の入口に立っています。その時、彼女らは自然の法則に従って、自分たちの「王子」を見つけようとします。

　これらの感情は、『エフゲニー・オネーギン』でタチアナが手紙で書いたことと似ています。

　あなたは私の夢の中に現れました、
　夢の世界で、私はあなたを好きになりました、
　あなたの眼差しに私は心がドキドキしました、
　あなたの声は私の心に響き渡りました、
　いいえ、これは夢ではありませんでした！
　あなたに初めて会った時、私はすぐに分かりました、
　心が動転し、恥ずかしさで顔が燃え上がりました、
　「あなただ！」と私は心の中で思いました。

N. クズミン
文学作品「エフゲニー・オネーギン」におけるオネーギンを待つタチアナ
1932年

　プーシキンは、音楽の叙情性、そして音楽の詩情性を繰り返し強調しました。「音楽は愛にだけに届します」そして、「しかし、愛もメロディーです」
　バレエにおける動きは、音楽によって構成化されて、音楽と融合します。そのためバレエの動きは、音楽における音と同じものです。音の詩は、バレエでは表現性のある動きの詩になります。バレエの偉大な愛好家であるプーシキンは、バレエの一つ一つの造形的な動きを「条件的な美しさ」として比喩し、それらの動きは、時には言葉よりも多くの意味を表現します。

バレエのリハーサルを行う振付家のミハイル・フォーキン

バレエのリハーサルを行う振付家のジョージ・バランシン

振付家の表現の手段には、ダンス、パントマイム、表情、ジェスチャーなど、さまざまな表現の方法が含まれています。しかし、その中ではダンスが中心です。バレエ公演の舞台では、どんな種類もしくは形態であっても、ダンスだけが演技の中心となります。ダンスによってだけ、観客は心をドキドキしたり、息をとめたりして、感動します。ジゼルの心の純粋さと貞操心、スパルタクスの英雄的な精神と高潔さ、若いジュリエットの誠実な愛の力、『白鳥の湖』における白鳥のロマンチックな心、『愛の伝説』の宮廷画家フェルハドの高い義務感、これらを表現したダンスに観客は魅了されます。

バレエの演出を行う振付家は、知識が豊富で、多くのことを行うことができ、完璧な芸術的なセンスとバランスの感覚を持っている必要があります。

振付家のグリゴローヴィッチは、トルコの詩人ナーズム・ヒクメットの『愛の伝説』の戯曲に大変に触発されました。彼は、すでにアリフ・メリコフが作曲した『愛の伝説』の音楽を使って、この物語のバレエを上演したいと考えました。そのために彼は、この作品の元となった、7世紀から知られているペルシャの伝説で、美しい王女シリンについての様々な物語のすべてのバージョンを読みました（ニザーミー・ギャンジャヴィーの詩『ホスロフとシリン』、アリッシャー・ナヴォイの詩『フェルハドとシリン』、その他の詩）。また、彼はこの伝説の物語を描いた数十のフレスコ画、タイル絵、ミニチュアのモニュメントを見に行きました。彼は東洋の神秘的な世界を

ドガ作
バレエのクラス
1871年

振付家グリゴローヴィッチがバレリーナのナタリア・ベスメルトナヤとリハーサルを行う

振付家グリゴローヴィッチがツィスカリーゼとリハーサルを行う

感じて理解したいと思いました。そして彼は東洋的なスタイルに富んだクラシックバレエの表現で、人間の情熱、そして何よりも強い愛と義務の力を人々に伝えたいと思いました。

　私は、自分の気持ちを悲しい気分にして、
　フェルハドの物語を作ります、
　いいえ、フェルハドとシリンです！
　これから私は悲しい物語を話します…

　様々な言語学的な表現方法は、例えばテキスト、構文、用語、言い回し、詩などは、バレエにおいても、顔の表情、ジェスチャー、表現性のある体の柔軟な動き、そしてダンスによる表現などとして使われています。しかし、振付家の仕事は、脚本の内容と音楽の旋律を、これらの要素に単純に翻訳することだけに限定されません。

　彼の仕事ははるかに複雑で、かつ美学的に重要です。振付家は、音楽と演劇がバランスよく結合された統一的な内容で、かつダンスの比喩的表現と、バレエ音楽のドラマチックな豊かさに基づいて、バレエ公演を作らなければなりません。

リハーサルにおける振付家ボリス・エイフマン

リハーサルにおける振付家ローラン・プティ

もし、振付家の希望に基づいて、作曲家がバレエ音楽を書くならば（チャイコフスキーは振付家プティパと共同でバレエ『眠れる森の美女』と『くるみ割り人形』の音楽を作曲しました）、そして舞台美術家が単なる美術家ではなく、公演の共同制作者でもあるならば、それは最も理想的です（振付家のグリゴローヴィチと美術家のヴィルサラーゼの二人は、長い間にわたる創造的なチームを組んでいました）。

振付家になるには、特別な振付と音楽のトレーニングを受けたり、たくさんの本を読んだり、様々な分野の教育を受けたりして、多くの教養を身に着けるだけでは十分ではありません。彼は同時に、振付家としての特別な才能が必要です。振付家には、まず、表現性のある体の柔軟な動きで世界を見る能力が必要です。そしてイメージと現実を組み合わせながら、舞台美術家のファンタジーの世界が作り出す芸術的なイメージで考えたりする能力が必要です。

リハーサルにおける振付家アンドレイ・ペトロフ

人は、それぞれ生まれつきの才能があります。この才能を見極め、成長する機会を与えることが重要です。そうすれば、普通の職業でも、彼は素晴らしい創造性を発揮し、その道のマスターになります。他方、私たちの中には様々な芸術的な才能を持つ人々がいます。ある人々は、自分を取り

巻く世界を色で見て、見たものについて絵の具で伝えようとします。彼らは美術家です。またある人々は、音で世界を知覚し、音で自分の気持ちを他の人に伝えようと努力します。彼らは音楽家です。またある人々は、世界は詩であり、世界のことについて、人々について、自分自身について、詩で表現します、彼らは詩人です。

　振付家は、自然の最も完璧な創造物の一つとしての生きた人間の動きによる表現性の中で世界を見ています。振付家の世界は、高度な美の原則の世界、詩の世界、芸術的な表現性のある動きの世界です。彼は、振付的な、ドラマ的な、心理的な、情緒的な発見をバレエ表現に置き換えます。

　振付家のバレエ公演に関する作業で最も大事な時はいつですか？それは、振付家がリハーサルホールに来て、彼のアイデアを実現するために、ダンサーと一緒に働き始めるときです。それについては次の章で詳しく説明します。

リハーサルにおける振付家ヴァシーリ・メドヴェージェフ

考察してみましょう

1. あなたはどのような振付家を知っていますか？
2. 振付家のグリゴローヴィッチが劇場で上演したバレエの中で、あなたが知っている作品はありますか？
3. 現代の筋書きのないバレエに対してあなたはどう思いますか？

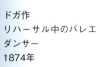

注意！ リハーサル進行中

ドガ作
リハーサル中のバレエ
ダンサー
1874年

V. セロフ作
バレリーナ T. カルサ
ヴィナの肖像画
1909年

　皆さんは、これまでの章を読んで、脚本家はバレエの脚本に、作曲家は曲の楽譜に、舞台美術家は劇場の風景と衣装のエスキースに、それぞれの考えを表現していることを知りました。

　振付家はバレエダンサーを通して、自らのアイデアを実行します。これから上演されるバレエ公演での踊りを生み出すこの知られざる作業は、学校の体育館に似た劇場のリハーサルホールで行われます。この部屋には、壁の一つの面に鏡があるので、バレエダンサーは、それぞれの役に取り組んでいる間、自分の姿を見ることができます。この部屋のドアには、通常、「リハーサル進行中」という告知板が掛けられています。これは、劇場の用語で「入らないでください」という意味です。

　これから色々な劇場のリハーサルルームに入ってみましょう。そして振付家の仕事を見てみましょう。

　バレエ公演の仕事はどのように始まりますか？

　舞台監督は、まず、バレエダンサー全員を集めて、バレエ公演の音楽を紹介

し、そして彼が公演をどのように構想しているか詳しく伝え、さらにそれぞれの役の説明をします。舞台監督は公演に向けての作業が始まる前に、公演のための振付メモを作り、それを持ってリハーサルルームに来て、バレエダンスの内容を伝えます。彼は、自分のアイデアでバレエダンサーを魅了し、かつ彼らの想像力を目覚めさせようとします。

　仕事は、ストーリー、振付、音楽の三つの方向で同時に進行しています。何日も、何週間ものリハーサルが続きます。その間、おおざっぱなバレエダンスのエスキース（振付家の考え方をまとめたもの）から、深く意味のある、振付的に構成され、情緒的に満たされた個々のバレエの要素が生み出されます。これらの要素には、役のイメージ、ストーリーの構成、出来事、シーン、アンサンブル、デュエットなどが含まれます。

　それぞれのバレエダンサーの表現性のある動き、そして演技の個性を生かして、振付家は彫刻家のように、振付のイメージを「彫刻」し、不要なものをすべて切り取ります。そして今、バレエダンサーAさんは、心の熱い若者ロミオに変わり（「私は愛の翼で辿り着きました。石の壁は愛を邪魔しません」）、バレエダンサーBさんはロミオの最愛のジュリエットに変わります（「私はあなたに私の人生全部を捧げます。私はあなたと一緒ならどこまでも行きます」）。

　もちろん、バレエダンサーはこれらの言葉を言いません。振付家が彼らのために考えたダンスが言葉の代わりに話します。ダンスはシェイク

デュエットの
リハーサル

指導教員アグリッピナ・
ワガノワ

振付家のカシアン・ゴレイゾフスキーがセルゲイ・バラサニアン作曲のバレエ「ライラとマジュヌーン」のシーンをリハーサルする

スピアの本の主人公達の言葉ではなく、主人公がその時感じている感情を伝えます。このようなダンスは完璧なテクニックと比喩的な表現力のコンビネーションであり、観客の目を楽しませ、彼らの心に中に入ります。観客は音楽の魔法と体の表現性のある動きに魅了され、舞台上で起こっていることに共感します。

　優れた振付家のゴレイゾフスキーは、リハーサル中にバレエの専門用語を使ったことはありません。その代わりに、彼はバレエダンサーに次のように語りました。「夜が明け始め、昇る朝日の最初の光をあなたは浴びます…ここであなたは雨滴に身震いします…今はあなたの周りに無限の花園があります。あなたはそれらの花を手でかき分けて進みます」

　そのような振付家の指示は、バレエダンサーの想像力を目覚めさせます。そしてこれらの指示は、ダンサーが芸術的なイメージを作り、理解し、そのイメージをダンスという手段で人々にどう見せるかを決めることに役立ちます。

　著名な振付家ミハイル・フォーキンは、前世紀の初めにサンクトペテルブルクでフランスの作曲家カミーユ・サン＝サーンスの音楽による『瀕死の白鳥』のバレエをどのように自分が作ったかについて、彼の回想録の中で語りました。この作品は、ほぼ1世紀の間、世界のバレエ舞台で人々を魅了し、今でも人気があります。多くの人は、劇場で見ていなくても、テレビでそれ見たことがあるでしょう。

　フォーキンがその時のことをこう書いています。

セロフ作
フォーキンの肖像
(1880-1942)

　ある時、バレリーナのアンナ・パヴロワが私のところに来て、「コンサートのためのダンスを作ってもらえませんか？そしてそのための音楽を選んでください」と言いました。

　当時、私はマンドリンを演奏することに熱中していて、私の学校の同級生の伴奏も加えて、サン＝サーンスの作曲した『白鳥』の演奏の練習をしていました。

　「サン＝サーンスの『白鳥』をダンスにするのはどうですか？」と私は提案しました。パヴロワはすぐに白鳥の役が自分にぴったりだと気づき、私たちは「リハーサルしましょう」とすぐに一致しました。

　ダンスを作るのには数分しかかかりませんでした。それはほとんど即興でした。私は彼女の前で踊り、彼女は私のすぐ後ろで私と同じ動きをしました。それから彼女は一人で踊り始めました。私は彼女の横で歩きながら、腕と体の動きを彼女に示しました。

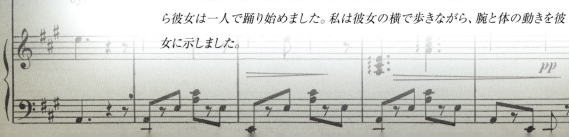

このようにして、この小さなバレエの傑作が生まれました。

　振付家が特定のバレエダンサー（例えばパヴロワ）のために作品を作ることもありますが、多くの場合、ダンサーのタイプに応じて作ります。バレエ公演の実例を見てみましょう。ヴァシーリ・メドヴェージェフ舞台監督は、チェコ国立劇場でバレエ『オネーギン』を上演しました。彼は、この公演スケジュールで主要な役を交替で演じる三つのダンサーグループと練習しました。彼は、自分が作った振付のテキストの内容の枠組み全体の中で、これらのダンサーのそれぞれの能力、個性を考慮し、活かそうとしました。

　この舞台監督がこのバレエ公演にどのように取り組んだかを想像してみましょう。そのために、今、あなたは、1999年のプーシキンの誕生記念日に、チェコ共和国の首都プラハに頭の中で移動します。ここでは、プーシキンの小説『エフゲニー・オネーギン』を元にしたバレエのリハーサルが行われています。

　このバレエで、サンクトペテルブルグの振付家メドヴェージェフは、チャイコフスキーのさまざまな交響曲の音楽を使いました。プーシキンの小説には、片思い、理想の崩壊、善への信念、義務と名誉への忠誠などが書かれていますが、チャイコフスキーの音楽には、これらの小説と同じ主要なテーマがほとんど含まれています。

　このバレエにおいて、体の造形的な動きの表現そして劇を演出する点で最も難しかったのは、主人公のオネーギンの役でした。オネーギンにはさまざまな性格の側面があり、振付家はそれらを観客に見せなければなりません。オネーギンはある時は、傲慢で、都会での舞踏会やサロンに定期的に現れては、いつも退屈しています。一方、彼は恋をしている若い男（タチアナが願い事をしているシーン）であり、そして冷酷な嘲笑者（レンスキーとの決闘のシーン）であり、そして陰湿な誘惑者（決闘前のタチアナの夢のシーン）であり、優しい友人であり、そして誠実に悔い改め、恋をしている人です。これらのオネーギンの性格の多様性の表現は、まさに振付家がリハーサルホールで、バレエダンサーから引き出すことで達成されま

アンナ・パヴロワ（1881-1931）は、フォーキンのバレエ小品「瀕死の白鳥」をシャルル・カミーユ・サン＝サーンスの音楽により演じる

フランスの作曲家サン＝サーンス（1835-1921）

す。自分がオネーギンをそれぞれのエピソードにおいてどう見ているかを、振付家は何度も何度もバレエダンサーに見せて、伝えます。

　一人のバレエダンサーの中に、多くの劇的な個性を作り出すことは、非常に才能のある振付家しか出来ません。その振付家は、芸術的手段と振付表現のための全てのパレットを持っていて、さらに最も重要なこととして、詩人の、そして真の芸術家の心を持っています。

　オネーギンだけでなく、タチアナの役の振付の表現も、同じようにとても良く出来ていました。彼女の子供のようなとても純粋なポーズ、そして素早くて、女性らしいロマンチックな動きは、プーシキンが描いた主人公を驚くほど的確に再現します（「野生の、悲しい、静かな、森の雌鹿のような臆病さ」）。しかしタチアナが最後に登場するシーンでは、彼女はこれまでとはまったく異なります。オネーギンとのデュエットで、タチアナが自分の気持ちを伝えるシーンはまさにドラマチックです。貴族の妻になった彼女はオネーギンへの愛を隠しませんが、でも、彼女は神への忠実を誓いました（「私はあなたを愛しています。嘘ではありません！しかし私は他の人と結婚しています。私は夫への永遠の忠実を誓います。」）

　レンスキーとオルガの役は、性格も体の造形的な動きの表現も全く違いますが、

サンクトペテルブルグの振付家メドヴェージェフ

スドコフスカヤ作
レンスキーとオネーギンのラリン家への到着
小説「エフゲニー・オネーギン」のイラスト
1908年

彼らは一緒に喜んだり、楽しくお付き合いをしています。彼らのダンスは幸せな気持ち、他愛のないいたずらっぽさ、そして優しさに満ちています。

　振付家が作った最も感情に溢れた、独創的でドラマチックな場面の一つは決闘のシーンです。しかし正確に言えば、決闘自体ではなく、決闘に関連したシーンでした。そこではレンスキーは過ぎ去った日々を思い出しています。（「彼らはつい直前まで、遊びや食事を一緒にしました。彼らは考えと行動が同じなので、仲良く過ごしていました」）そしてオネーギンがレンスキーと和解しようと試みます。その後、彼が殺した友人の亡き骸に彼は心から悲しみます。

　初演とその後のすべての公演で、観客の目に涙が出たのはこのエピソードでした。

　劇場のリハーサルホールでは、数ヶ月間、困難な作業が行われていました。メドヴェージェフは、いくつかのエピソードの全体の動き、そしてダンスの中のそれぞれの細かい動きを、バレエダンサーに辛抱強く示しました。そして自分のアイデアとその表現を完璧に再現し、充実した内容にすることを達成しました。有名な古代ギリシャの彫刻家ピグマリオンが象牙から美しい少女ガラテアの像を彫り、その後、女神アフロディーテが彫像の彼女に生命を与えたように、振付家はバレエ公演の振付を作成し、それに生命を吹き込みました。

ボリショイ劇場でのジョン・クランコ振付のバレエ「オネーギン」のラリン家での舞踏会シーン。レンスキー役セミョン・チュディン、タチアナ役オリガ・スミルノワ、オルガ役アナ・ティコミロワ、オネーギン役ヴラジスラフ・ラントラトフ。写真：ダミール・ユスポフ
（ボリショイ劇場）

そしてその結果は期待を大きく上回りました。サンクトペテルブルクの舞台監督は、技術的に複雑なこのバレエ作品のための、完ぺきなダンス振付を作り上げることができました。この振付には「空虚な表現」すなわち無意味な動きやポーズがなく、またトリックもありません。

上述した例から分かるのは、振付家は、最初の段階では、一人一人のダンサー、グループダンス、そしてコール・ド・バレエ（集団でのダンスやシーンを実行するダンサーのグループ）のそれぞれと個別にリハーサルホールで作業して、最終段階の時に初めて全体を一体化します。

これは、映画編集のプロセスを思い起こします。最初の段階では、個々のシーンや出来事が別々に撮影され、その後、編集室で映画監督がそれらを「貼り合わせて」一つの作品、映画にします。バレエの作業と映画の編集との唯一の違いは、

指導教員マルガリータ・ドロズドーワ

指導教員ガリーナ・ウラーノワ

十分に準備されたダンス表現、デュエット、作曲、出来事、シーンが「貼り合わされない」ことです。これらは舞台に持ち込まれ、そこで振付家によるバレエの最終作業が行われます。これはバレエ公演制作の一つの特徴です。

　この最後の段階で、振付家は個々の出来事、シーン、および公演全体と、彼が作成した振付のテキスト、音楽の伴奏との関係性を最終的に確認します。また彼はミザンセーヌ（上演中の各時点におけるダンサーの位置）を明らかにします。さらに制作者そして観客の、両方の目で同時に、彼が作ったバレエを評価します。他方、バレエダンサーたちはこれまで馴染みのある舞台を、この公演のための新しい舞台空間として習得します。そして彼らは舞台衣装、舞台装飾、オーケストラの伴奏に慣れるようにし、さらにパートナー、そしてコール・ド・バレエとのコミュニケーションがとれるように努めます。

　最後の数回のリハーサルはドレスリハーサルと呼ばれます。このリハーサルは招待された友人、ゲスト、親戚の人々などが座る観客席の前で行われ、舞台監督によって中断されることはありません。振付家にとって、これは、バレエ公演が観客に披露される前に、何かを変更したり、明確にしたり、強調したり、場合によっては取り除いたりする最後の機会です。

　そして初演の日が来ました。劇場は観客でいっぱいです。公演終了後、観客は公演を見て好きになったバレエダンサーにだけ拍手を送るのではなく、バレエ公演を制作した振付家に対しても拍手喝采を送ります。これは観客が今体験した喜びと感動に対する感謝の拍手です。芸術家にとってこれほど高い褒めたたえとなるものは他にありません！

ボリショイ劇場のプリマ・バレリーナ エカテリーナ・シプリナがリハーサルを行う

考察してみましょう

1. あなたは踊ることが好きですか？
2. 自分で考えてダンスやダンスのシーンを作ったことがありますか？
3. ダンスを作るのは簡単ですか？

バレエダンサーたちは語ります

ボリショイ劇場の素晴らしいバレリーナであるオリガ・レペシンスカヤは、自分のバレエへの道の物語を次のように語りました。「チャイコフスキーの素敵な音楽が奏でられ、幕がそっと開き、女の子たち、男の子たち、そしてバレエ学校のまだ小さな生徒たちがワルツを踊ります。そして、その後...その後、オーロラは舞台に走り出て、踊ります。それは私です。私は踊りたくてたまりません。太陽の光と私の手にある花の中で、どれだけの喜びがあるか、そして世界がどれほど美しいかを、私は自分の踊りで伝えたかったのです。速くてつながりのある動きをして、それから舞台全体をジャンプして飛び回ります」

これから私は皆さんに、さまざまな時代の優れたバレエダンサーを紹介したいと思います。ダンサーたちは魔法の芸術で、何度も何度も人々の心をドキドキさせ、感動を与えました。

一般的に、バレエダンサーは話すよりも、黙って踊ることの方を習慣的に好みますが、それでも著名なダンサーたちがそれぞれの言葉を残しています。今から、私たちは、彼らの言葉から、どのように様々なバレエの公演、そして個々の役が作り出されたか、そして彼らがバレエの将来（つまり今の私たちの時代のバレエ）について、どう考えていたかを知ります。

A. ゲラシモフ作
バレリーナ O. レペシ
ンスカヤの肖像
1939年

* * *

子供の頃から舞台の光を通して人生を見ていた偉大なバレリーナ、アンナ・パヴロワは、ダンスの芸術がバレエダンサーの人生の唯一の意味であると考えました。「真の芸術家は自分の芸術のために自分自身を犠牲にするべき、と私は思い

パヴロワが芝生で最愛の白鳥とともにロンドンで1920年代

ます」と彼女はかつて記者団に語りました。「彼女らは多くの女性が望む人生を送ることが出来ません。まるで尼僧のように」

「成功は幸せだと思っていました」とパヴロワは語りました。「でも私は間違っていました。幸福は蝶々みたいなものです。幸福は一瞬、私たちを魅了して、飛び去ってしまいます」

幼い頃から人生の終わりまで、彼女はバレエ芸術において、幸福のために闘い続けました。

パヴロワがジゼルの第一幕で舞台に登場したとき、観客の誰もが何か新しいもの、不思議なもの、の出現を感じました。バレリーナは自分のダンスで、生命力に溢れた人間の人生を確信し、そしてそれが永遠であることを伝えました。彼女は、多くの観客に大きな感動を与えました。

「彼女は私たちに厳粛な涙を与えてくれました」と詩人のアレクサンダー・ブロックは彼女について語っています。

「あなたは昨日の舞踏会で薔薇を身に着けていましたね。私はその薔薇の幻です」テオフィル・ゴーティエの詩にあるこの言葉は、前世紀初頭のサンクトペテルブルクのマリインスキー劇場の有名なダンサー、タマーラ・カルサヴィナとヴァーツラフ・ニジンスキーという素晴らしい

S. ソリン作
バレエ「ラ・シルフィード」のタマラ・カルサヴィナ 1910年

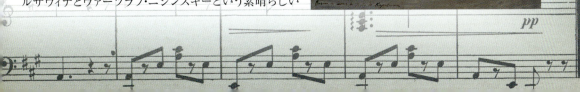

デュエットによるダンスのいわば台本になりました。このダンスは、若い時代の振付家のミハイル・フォーキンがカール・マリア・フォン・ウェーバーの音楽『ダンスへの招待』に合わせて二人のために作ったものです。今日ではこのダンスは一幕物のバレエ『バラの精』として上演されています。

　優れた才能のフォーキンが、パヴロワのバレエ『瀕死の白鳥』を、たった1回のリハーサルで生み出したことは良く知られていますが、フォーキンによって、カルサヴィナとニジンスキーのために、やはりたった1回のリハーサルで『バラの精』が作られたことはあまり知られていません。

　これは次のようなものでした。フォーキンがバレリーナの舞台への現れ方を自ら示しました。今度はカルサヴィナが、終わったばかりの舞踏会の音楽に包まれて、つま先で立ちながら、滑るように舞台の上を走りました。それから彼女は舞台の真ん中に置いてある椅子にゆっくりと座り、疲れて足を伸ばし、頭を下げ、眠い目を静かに閉じました。

　明るい長調の音楽のリズムに合わせて、ニジンスキーは助走をし、そして高くジャンプして飛び、彼女の隣に降りました。彼は、まるで茎に巻き付いたようにしっかりと絡んだ足を揺らしながら、眠っている少女をいたずらっぽく、優しそうな目で見ました。それから彼は腕を頭に巻きつけ、指は突然花びらに変わりました。彼は回転しながら彼女を酔わせてしまい、彼の犠牲者となった少女を魔法の世界に誘い込みました。

　彼は彼女に触れることなく、ワルツの滑らかなリズムに誘いました。彼は手で柔らかく感情の表現をし続け、花の香りのように彼女の周りを渦巻き、包み込みました。彼女はバラの香りを探すために、足のつま先で早く走ったり、止まったりしていました。音楽の最後の小節が終わる前に、ニジンスキーは無力にもたれかかるバレリーナの腰に腕を巻きつけました。カルサヴィナはゆっくり椅子に沈みこみました。そしてやがて彼女は夢から目覚め始めましたが、ニジンスキーは自分が元にいた場所の方に飛び去りました。

カルサヴィナとニジンスキーがフォーキンのバレエ小品「バラの精」を演技する

＊　＊　＊

　芸術の知識が豊富ではない人でも、誰もがデュエットとは何かを理解していま

す。これは、歌う、踊る、楽器を演奏するときなどでの、創造性を持つ二人の個性の、心理的かつ芸術的融和、そして結合です。バレエのデュエットの「息の合った踊り」とは、男性に、敏感で、強くてそして巧みな手があり、二人の間には、音楽と振付の見方に共通性があり、二人の気持ちと体の均衡性がとれていることです。その結果として、才能とインスピレーションに溢れた芸術的イメージの創造、そして完全に調和の取れた、完璧なシンクロニシティダンスが実現します。

しかし、バレエの世界にはさまざまなデュエットがいます。著名なバレリーナのタチアナ・ベチェスローワは、次のように語っています。「例えば、若いダンサー同士のデュエットの場合ですが、演技のすべてが正しく、問題なく行われているように見えます。しかし女性が男性にサポートされるときに、もし男性の背が低いと、女性の大きな体の後ろで隠れてしまいます。また逆のこともあります。男性がエネルギッシュ過ぎると、女性は波長が合わずに、彼の手の中で「眠りそうに」踊っています。またパートナー同士が、情熱を持てず、創造的な気持ちでお互いを「発火」させることができない場合も良くありません。双方が無意味で、大げさな感情の気持ちを見せている場合、それはもっと良くないです」

息が合ったバレエのデュエットになることは難しいです。バレリーナが息の合うパートナーを見つけることが出来れば、もう半分は成功と

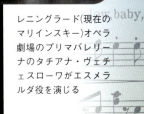

レニングラード(現在のマリインスキー)オペラ劇場のプリマバレリーナのタチアナ・ヴェチェスローワがエスメラルダ役を演じる

ボリショイ劇場でともにプレミアダンサーであるマクシモワとヴラジーミル・ヴァシリエフがチャイコフスキーの「くるみ割り人形」を演じる

言えます。最高のバレエデュエットはバレエの歴史に残ります。ボリショイ劇場の二人の華麗なソリスト、エカテリーナ・マクシモワとウラジーミル・ヴァシリエフは何十年の間、最高のバレエデュエットの一つでした。観客は彼らが大好きで、愛情を込めて「カーチャ（エカテリーナの愛称）とヴォロージャ（ウラジーミルの愛称）」と呼びました。

　「ヴォロージャと私は、役の準備の仕方がまったく異なりました」とマクシモワは回想しました。彼は、最初のリハーサルから、まるで大胆な筆使いで絵を描くように、すぐに役に入り込みました。その後に、彼は詳細なことがらに入り始めました。しかし、私は逆に、後から考えなくても良いように、すべての詳細な動きを最初に覚えたいと思いました。腕と脚をどのように動かすか、彼のサポートがうまくいくかどうかなど。それから徐々に、徐々に、すべての小さなことや細部を整え、積み重ねながら、全体的なダンスの絵を創りあげていきます。公演の日の準備の仕方も私たちは違っていました。通常、私は3時間前に劇場に来て、メイクをして、ウォームアップして、集中しました。逆に、ヴォロージャは上演前のギリギリの時間に来ることを好み、急いで、素早くメイクアップし、舞台に上がります。私は、これまでに、大変に経験豊富で、信頼出来る様々なパートナーと踊りましたが、でもヴォロージャのような「素晴らしい手」を持っている人は誰もいませんでした。そしてヴォロージャ以外の誰とも、舞台の上で、彼との時と同じような居心地の良さと快適さを体験したことはありません」

バレエ「バラの精」（1911年）とバレエ「シェヘラザード」におけるニジンスキー
1912年頃

＊＊＊

　前世紀の初めに、ニジンスキーはバレエ公演の新しい時代の主人公たちについて考えていました。「私は、今の時代に合った衣装、体の表現性のある動き、性格について思い描いていました」と彼は言いました。「人の体の動き方には間違いなくその時代を反映する要素があります。現代の人がどのように歩いたり、新聞を読んだり、タンゴを踊ったりしているのかを観察すると、それらの身振りと、例えばルイ15世の時代に散歩している男性の身振りとを比べたら、共通するものは何も見つかりません。私は、ポロ、ゴルフ、テニスをしている人々を注意深く観察しました。これらのスポーツは体に良いレジャーであるだけでなく、体の表現性のある動きの美しさを創造している、と私は確信しています。ジャンプやピルエットだけではなく、手の一つ一つの指の曲がり、筋肉の変化などを含めて決定される「動きの

譜面」を作りたいと思います。それによって体の動きの無限大の可能性が明らかにされると思います」

　この偉大なダンサーが思い描いていたことの多くは、今の私たちの時代の振付で当たり前のように行われています。

＊＊＊

　バレエダンサーには何がなければいけませんか？——想像力や自由な空想力がなければなりません。

　「想像力を欠いたバレエダンサーのダンスは、ただの練習のようなものになって

A. ベノワ作
バレエ「ジゼル」第1幕
の装飾エスキース
1958年

しまいます」とベチェスローワはまさに的確に言いました。「ドラマの俳優は言葉で気持ちを伝えますが、バレエダンサーは主人公のすべての感情と考えを体の表現性のある動き、そしてダンスで表現しなければなりません。無表情な体は何も伝えません。技術的に上手に踊られたダンスでも、その踊りに音楽や振付表現のイメージがなかったら、内容とインスピレーションがなく、気持ちを入れずに詩を読んでいるのと同じです。ダンサーが、自分の周りに、現実ではないものを見て、それを信じる能力は、違う人に成り代わる能力と同じです。アダンのバレエ『ジゼル』における、独創的な狂気のシーンは、振付家による創作力の最良の例であり、同時にバレエダンサーの創意発現のための最良の題材です」

　ジゼルは野花のように育ちました。彼女は愛とか、花占いとか、すべてを純粋に

信じていました。アルブレヒトの残酷な行為は、彼女が信じていること、彼女の純粋な世界を破壊しました。彼女の心は裏切りに耐えることができず、彼女は狂ってしまいました。ジゼルは詩のような気持ちで一途に愛していましたが、静かに、花が枯れたかのように死にました。

* * *

観客の席からバレエダンサーの人生を見ると、それは成功ばかりで、花束、そして絶え間ない拍手の連続であるように思われるかもしれません。でも実際にはそうではありません。彼らの人生は永遠の禁欲、たゆまぬ努力です。

「ダンスには毎日のたくさんの努力が必要です」と偉大なバレリーナ、ガリーナ・ウラーノワは回想しました。夏休みの時でも練習が必要です。しかし、夏休みの日々の朝に、私は何度も泣きそうになりながら嫌いなバーの前に立ちました。毎日毎日、自分の気持ちと戦いながら、重い石臼を回すようにして、バレエの基礎運動（クラシックダンスの基礎を作る毎日の運動）を行っていました。その時、私はこのバレエが大嫌いでした。これは「優しくない芸術」とある詩人は言っていました。どれだけ、すべてをやめて、みんなと一緒に湖に行きたかったことか。でも内なる声がずっと繰り返して言いました。「練習しなさい！練習しなさい！練習しないと良いバレリーナに成れません。頑張りなさい！」そして不思議なことに、練習を始めて、数分経過し、いくつかの最初の練習運動を少しだけ行った時に、練習をしたくないという心の石臼をどうにか動かすことが出来、何か幸せな満足感を感じました。遊びの誘惑に負けずに、自分の義務に忠実であり続けるという自覚は、私に比類のない満足を与えました」

ボリショイ劇場プリマバレリーナのウラーノワ

ウラーノワのもう一つの思い出は、彼女がジゼルの役に取り組んだときのことです。「リハーサルでは、うまく出来なくて、ジゼルの気持ちが理解できないように思えました。私は劇場を出て、完全に絶望して、最初に来たバスに乗っていました。バスは私を街の郊外の公園に連れて行きました。美しい公園の日当たりの良い静寂の中で、私は人けのない公園の道のベンチに座って、自分自身がジゼルだと想

像し始めました。私がもしジゼルならストーリーの中の状況で、何を感じ、何をするかをイメージし始めました。私はすべてのことを忘れてとても夢中になりました。この即興のリハーサルのバレエを見ている人々の笑顔に気づいたときに、私は我に帰りました。その日、私は芸術的な想像力の魔法の力を感じました。役の中で他人の人生を真に生きることができることが分かりました。自分の日常生活を完全に忘れるほどの集中力を達成できることに気づきました。

　ウラーノワはおそらく、この時に、もう一つのとても重要なことを気づいたのだと思います。重要なことは、ダンサーがある場面で、何回の回転とピルエットを行うかではありません。回転、ピルエット、フエッテは、技術的な能力を示すためではなく、芸術的なイメージを作り出す手段として行われることを。

＊＊＊

　卓越したダンサーのアレクセイ・エルモラエフは、舞台のすべての細部に至ることがらまで深く考えることが出来る芸術家の一人でした。舞台のすべてのことが、彼にとっては大切であり、意味があると感じられたので、これらは彼の目を新しい発見と活気に満ちた創造性に向けさせました。彼はレニングラードからモスクワの舞台に活動の場を移しましたが、すぐに、そして永遠にモスクワの観客を魅了しました。

　彼の舞台での演技は最初の段階から驚くほどの成功を収めました。多くの批評家たちは、「驚くべきダンステクニック」、「驚くべき跳躍」、「素晴らしく自発性に富んだ積極的な特性」などと、熱狂的な言葉で彼を称賛していました。

レニングラードオペラ劇場のソリストのアレクセイ・エルモラエフがドリゴ作曲のバレエ「タリスマン」の風の神を演じる

　「私はボリショイ劇場の舞台で、青い鳥の役を演じているエルモラエフを見て驚きました」とダンサーで振付家のアレクサンドル・ラドゥンスキーは回想しました。彼は高くジャンプするだけでなく（かなりの数のダンサーが上手にジャンプする能力を持っています）、エルモラエフは一瞬空中で「停止」し、完全な無重力なほどの、空間における驚くべき力の印象を作り出しました。しかし、最も重要なことは、彼がバレエの舞台で、芸術的なイメージを作りだす素晴らしい才能を持っていた

ことでした」

　シェイクスピアの悲劇『ロミオとジュリエット』のティボルト役のエルモラエフについて、有名な歴史学者タールはこう書いています。「私はバレエの専門家ではありません。しかし彼は並外れていました。私は「ロミオ」を欧州の演劇劇場で何度も見ました。私は「ロミオ」をオペラでも見ました。そして常にティボルトの役は、最も優れた演技者でさえ、単に平凡な悪役、または飲み騒ぐ人、乱暴な人だけのイメージでした。初めて、歴史家である私の前に、中世の手ごわい社会的勢力を表現出来る人物が現れました。それは比類のないものでした」

　このバレエダンサーは、どのようにして、様々な役の本質まで見抜けるような並外れた洞察を達成したのでしょうか。

　毎日のたゆまない努力によるものです。

ボリショイ劇場のバレエダンサーのアレクサンドル・ラドゥンスキーが　L.ドリーブ作曲のバレエ「コッペリア」のコッペリウス役を演じる

　プロコフィエフの『石の花』のバレエで、エルモラエフはセヴェリアンの役を与えられた時に、その役の造形的な動きの表現性を探して、ウラルの語り部であるパーヴェル・バジョーフの本を夜も眠らずに読みました。才能のある芸術家による本の挿絵があったことに加えて、生来、エルモラエフは人生の観察力が優れていたので、彼は主人公の性格の表現に関して創造的なアイデアを持つことが出来ました。モザイクのような最も小さな部分から、役の表現性のある動きの姿が形作られ、すべてのポーズ、すべての動き、すべてのジェスチャーが組み合わされました。セヴェリアンはもともと奴隷だったけれども、そのことを隠して鉱山の所有者のように振舞い、残酷で傲慢で冷酷な人でした。その彼が観客の前に現れます。たった一つの欲望、野生の情熱が彼を支配しています。彼の愛を拒否した村娘のカテリーナに復讐することです（「彼女はどうして私生児のダニロ技師を好んで、鉱山の所有者である私を選ばないのか！」）。しかし、銅山の女王はセヴェリアンのこれまでの悪事を容認せず、セヴェリアンは彼女の命令によって、洞窟に入らされ、永遠に洞窟から出ることが出来なくなりました。悪は罰せられます。

シチェドリン作曲のバレエ「せむしの仔馬」で皇帝の乙女役のプリセツカヤ、皇帝役のラドゥンスキー

＊＊＊

　「あなたは一言も言わずに愛について語りました。あなたには素晴らしい手があります！」『白鳥の湖』でのマヤ・プリセツ

チャイコフスキー作曲の「白鳥の湖」のオデット役のプリセツカヤ

カヤの演技の後、有名な女優のイングリッド・バーグマンが感動的に言いました。

　素晴らしい手、これは神様からもらったものです。でも、一言も言わずに愛について語ることが出来るのは才能もありますが、とてつもない大きな努力を要します。

　マヤ・プリセツカヤは回想録の中で、「私は信じていましたし、今も信じています。『白鳥の湖』はすべてのバレリーナにとって試金石であるということです」このバレエでは誰も決して逃げ隠れ出来ません、何も隠すことは出来ません。バレエには精神力と体力の　すべてが必要です。中途半端に「白鳥の湖」を踊ることはできません。私は、このバレエの後、いつも心も体もすべてを消耗しきってしまいました。二日後、三日後になって体力はようやく戻りました」

考察してみましょう

1. どの有名なバレエダンサーをあなたは知っていますか？
2. あなたはどのバレエダンサーが一番好きですか？
3. あなたはバレエダンサーについての本を何か読んだことがありますか？

プレパラション！

この言葉はフランス語で「準備して！」を意味します。この言葉で振付学校のバレエ教室だけでなく、劇場のリハーサルホールでもレッスンが開始されます。みなさん、驚かないでください、私は言い間違えていません。バレエダンサーは劇場で仕事している時でもレッスンを続けます。すべてのバレエダンサーは、たとえ最も才能がある人、最も著名な人でさえ、毎朝リハーサルホールに来て、学校の生徒たちと同じように、最初に「バー」（壁に固定された棒）に掴まって練習し、次に教室の真ん中に行きます。スポーツの言葉ではそれはトレーニングです。

これらの「トレーニング」は経験豊富な教師によって実施されます。彼らはバレエダンサーにさまざまな基礎運動（バレエの言葉では「パ」）とその組み合わせを指示します。「パ」の練習の配置と順番は決まっています。簡単なものから複雑なものまで、特定の順序で行われ、そして、常に音楽が伴います。レッスン、リハーサル、コンサートの際にバレエダンサーに伴奏するピアニストをバレエピアニストと呼びます。

ワガノワ（1879-1951）

生徒たちから愛情を込めて「なしちゃん」と呼ばれたアグリッピナ・ワガノワは独自の教授法「クラシックダンスの基礎」の創始者でした。優れたバレエ教師であった彼女はレッスンにおける伴奏を非常に重要視し、一人として少しでも音楽のリズムから逸脱することを許しませんでした。「音楽を注意深く聞いてください！音楽を感じ、そしてリズムを聞かなければ、バレリーナにはなれません」と、彼女は強調しました。

ドガ作
バーのもとのバレリーナ
1876年

伝統に従って、バレエダンサーはグループで練習します。ソリストは決して一人だけにならずに、他のアーティスト、振付学校を昨日卒業したばかりの若者たちとさえ一緒にクラスで練習します。最近、アーティストのグループは、以前のように男性と女性のクラスに

分けられることはなくなり、ますます男女が一緒に練習するようになりました。

　劇場におけるこのような毎朝の練習には三つの目的があります。リハーサル作業の前に筋肉と靱帯を温めること、体を良好なフォームに持続させること、バレエ

ワガノワのクラス(レニングラード)

マリーナ・セミョーノワのクラス(モスクワ)

の基礎運動「パ」のテクニックの継続的な鍛錬をすることです。三番目の目的は特に重要です。ワガノワの練習は機械的なやり方ではありませんでした。レッスンの最初から最後まで、ダンスが支配していました。頭の動き、柔軟性と体の素早い回転、そして歌っているような手の動きの表現性においてです。彼女の言葉は的確で非常に理解しやすいものでした。「右の脇腹に力を入れて！」、「左太ももを上げて、強く後ろに伸ばして！」、「ジャンプの時、両足を広く開いて！」

　ワガノワは、体と手の動きを電光石火の速さで調整する能力を特別に重要視していました。ダンスの調和がこれにより完成する、との確固たる信念を彼女は持っていました。

　バレエダンサーたちは一つのリハーサルホールで一緒に練習した後、別々のリハーサルホールで振付家や指導教員との作業を続けます。

　演劇劇場では演技者がすでに役のセリフを覚えてリハーサルに来ます。しかしバレエ劇場ではダンサーは振付家と一緒にリハーサルしながら自分の役を習得します。振付家は夫々の演技者にあらゆるダンスの形とそのニュアンスを見せて説明します。

エスメラルダ役のワガノワ

アサフ・メッセレルの
クラス（モスクワ）

　振付家とのリハーサルでは、ソロとデュエットのダンス、ダンスの組み合わせとアンサンブル、コール・ド・バレエのダンス（ダンサーがグループまたは大人数で踊るダンス）が繰り返し練習され、習得されます。その時、バレエダンサーたちはダンスと音楽が一つの全体として融合させるために、公演に使われる音楽の流れを正確に覚えておく必要があります。

　リハーサル中に、舞台の芸術的なイメージが生まれ、「形作られ」ます。バレエダンサーが機械的な正確さだけで踊るのではなく、音楽から来る雰囲気と演じる役

ドガ作
舞台上でのバレエリハーサル
1874年頃

ウラノワとマクシモワとのリハーサル

ウラノワとプリセツカヤ、ニコライ・ファディーエチェフとのリハーサル

の本質に合わせた感情でダンスを踊れる能力は、どのくらい体の造形的な動きによる表現力があるかによって決まります。サン=サーンスの『白鳥』におけるマヤ・プリセツカヤの稀に見る優れた表現力は、バレリーナの手を白鳥の羽に変え、その羽で美しい鳥の悲劇的な運命を「語った」のです。

　その後、バレエダンサーたちは、指導教員とともに、あらゆる動き、あらゆるジェスチャー、公演の役のあらゆるポーズを完璧にし、細部に特別な注意を払い、その細部に役の意味と生命を入れます。

　バレエでは、指導教員はバレエダンサーのキャリア全体を通してバレエダンサーに付き添います。経験豊富な熟達者が間違いや不正確さに気づき、それらを修正するのを助けます。

　指導教員のウラーノワは、バレエ公演でイメージの統一性が大事だと考えました。従ってバレエダンサーが役を演じるときに、その役の技術的に完璧なダンスをするだけでなく、舞台の上での深く精神的な役の「生命」になりきる、心の「仕事」をすることを求めました。彼女は上辺だけの効果とか、派手な輝きを嫌っていました。

　サンクトペテルブルクのバレエアカデミーの名前が冠せられているワガノワ教授

ウラノワとリュドミラ・セメニャカとのリハーサル

ウラノワとナデジュダ・パヴロワとのリハーサル

は、次のように強調しました。

「アダージョはもしパートナーがいるなら、誰でも練習をすれば踊ることが出来ます。しかしソロダンスは、ダンスの変化の実行、すなわちすべての技術的な動きが豊富に盛り込まれています。従って、私はダンサーの過去の実績、能力、プロ意識があるかどうかを判断し、彼女が一流のダンサーの地位を占めることが出来るかどうかを判断します」

ワガノワの生徒の中には、マリーナ・セミョーノワ、オルガ・ヨルダン、タチアナ・ベチェスローワ、ガリーナ・ウラーノワ、フェヤ・バラビナ、ナタリア・ドゥジンスカヤ、ニネーリ・クルガプキナ、オルガ・モイセエワ、アラ・オシペンコ、イリーナ・コルパコーワなどの有名なバレリーナがいます。

マヤ・プリセツカヤはモスクワでワガノワに短い期間学んだことを思い出しました。「彼女は不思議なほど的確にすべてを見て、しっかりと正確かつ間違いなく生徒たちを指導しました。彼女は私に対して、筋肉の感覚をコントロールするように、と教えてくれました。それを彼女が説明した後、これまで出来なかった一見実行が不可能な困難さは、簡単に克服出来るようになっていました。彼女が何かを言ったら、その通りの結果になっていました。もし出来なかった場合は、彼女の言った通りにしなかったからです。彼女の説明はとても分かりやすかったです。私たちはどうしてそれを自分で分からなかったかと思ってびっくりしてしまいました」

指導教員との毎回のリハーサルは、たゆまぬ創造的な探求です。指導教員とダンサーたちは、振付家が提案した、役の表現性のある動きのイメージから、新しい情緒的な色と微妙なムードのニュアンスを探求します。ダンスと音楽の、より緊密な融合、そしてダンス自体におけるその内容の表現を探求します。

リハーサル指導教員はダンスの専門家なので、ダンサーの仕事においての間違い、不正確さ、うまくいったこと、そして思いがけない長所を見つけます。そして、時にはダンサー自身が気づかなかった才能の側面を見出します。指導教員のアドバイスやコメントのすべてがダンサーの心の中で統合し、そしてダンサーの創造的な個性を発現させ、ダンサーのスキルを成長させます。

オルガ・ヨルダン

ニネール・クルガプキナ

アラ・オシペンコ

イリーナ・コルパコーワ

考察してみましょう

1. あなたにとって教師もしくはトレーナーはどのような役割がありますか？
2. バレエダンサーと運動選手のトレーニングの類似点は何ですか？
3. バレエダンサーになるつもりがないならば、ダンスを学ぶ価値はありませんか？

ソモフ作
ロシアのバレエ団がシャンゼリゼ劇場で「ラ・シルフィード」を演じる
1932年

「彼は私たちの前にオーケストラの音を散らばらせました…」

O. デラ・ヴォス・カルドフスカヤ作
N. グミリョフの肖像
1909年

詩人ニコライ・グミリョフは、誰のことをこれほど美しく、比喩的に言ったかをあなたは知っていますか？もちろん、指揮者についてです。その詩の題名は「マエストロ」です。長年の伝統に従って、指揮者などの尊敬される芸術家をそのように呼ぶことが習慣になっています。例えば、マエストロ　ムラヴィンスキー、マエストロ　ファイエル、マエストロ　スヴェトラーノフというふうに。

編み紐がついた赤い燕尾服を着て、
香水の香りをまとうマエストロが立ちました、
彼は観客の前でオーケストラの軽快な音を散らばせました。

音は飛びながら、幻のように小さくなったり、
巨人のように大きくなったり、
ホール全体に飛び回ります、
そして音がダイヤモンドのように光り輝きます。

音はそして楽しそうに震えながら、
オーケストラの上でぐるぐる回り、
香りのするマエストロの足元に静かに落ちました。

L. ルソフ作　E. ムラヴィンスキー指揮による
レニングラード交響曲
1980年

これからバレエ公演のもう一人の作者、つまり指揮者についてお話しします。

指揮者は劇場オーケストラのリーダーです。オーケストラ（50～60人の演奏者による楽団）は一つの巨大な楽器みたいなもので、指揮者がこの楽器で「演奏」しています。指揮者が指揮棒を動かすと、バイオリンは歌い出し、フルート、オーボエ、クラリネットは話し始め、トランペットとドラムは魅力的に鳴り始めます。

それぞれの楽器の単独の音の響きを、またはオーケストラ全体の音の響きを、的確に、そして表現力豊かに作り出すのはまさに指揮者です。音楽と、舞台上でのバレエの演技を組み合わせるのは指揮者です。オーケストラ全体、または個々の

楽器のグループをより速く、またはより遅く、より音を大きく、またはより静かに演奏させることが出来るのは指揮者だけです。指揮者はオーケストラの演奏を止めたり、音楽の一節を繰り返したりすることができます。

「私はバレリーナです」という本で、ベチェスローワはこう書いています。「バレエダンサーにとって音楽とは、公演全体のドラマ性を作るものです。音楽は、ダンサーが、演技に必要な気持ちと役の性格を伝えることを助け、そして演じる役の本質に入り込むことも助けます。ダンスのシーンでも、ドラマチックな出来事のシーンでも、挿入的なバリエーションでも。従って、公演で踊るときは、指揮者の意図を感じることがとても大事です。そして、音楽のフレーズやその長さを分かるだけではなく、指揮者が率いるオーケストラとの接点を感じることも非常に重要です」

「指揮者のユーリー・ファイエルは多くのバレエを指揮しましたが、『ライモンダ』もその一つでした」とプリセツカヤは回想しました。彼はバレエの仕事における達人でした。彼はいつもピアノによるリハーサルを見に行き、テンポをコントロールし、もしダンサーがバレエのコンビネーションを忘れていたら、そのことを教えていました。彼の音楽の記憶力は比類のないものでした。彼はすべてのバレエ音楽を譜面なしで、記憶で指揮しました」

多くの著名なバレリーナたちは、自らの回想録で、指揮者はバレエにおいて如何に重要な人であるか、そしてバレエの指揮者はオペラや交響曲などの他の指揮者とはどれだけ大きく異なっているか、について書いています。バレエの指揮者と他の指揮者とで大きく異なる点は、バレエの指揮者は二つの譜面を同時に記憶しなければいけないことです。作曲家が作った音楽を記録している楽譜と、誰も記録していない振付家によるダンスの譜面、この両方です。

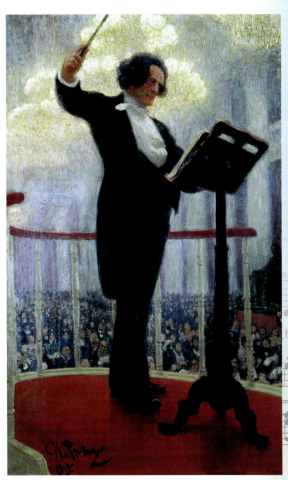

イリヤ・レーピン作
指揮者アントン・ルビンスタインの肖像
1909-1915

オーケストラと一緒に仕事をしている間、指揮者は、いわば、公演の「音楽の絵」を頭の中に描きます。その時、この「音楽の絵」によって彼に生じた視覚の世界とダンスの動きのイメージは、時には、振付家とバレエダンサーが、主人公の役と個性を創造することを助けます。

バレエ指揮者は、自分の手に、ダンスの魔法と音楽の魔法という二つの魔法の糸を持っています。この二つは、振付家の創作力と指揮者の意志によって不可分の一体になります。それはバレエの公演です。

ボリショイ劇場の著名なバレエ指揮者ユーリー・ファイエル

バレエの指揮者は他の重要な資質も持っている必要があります。バレエを愛し、舞台とダンスを感じて、情熱的であることです。

「…バレエに関わる人々はこの上なくバレエを愛していますが、それはしばしば困難で苦痛なものです」とボリショイ劇場の最高のバレエ指揮者の一人、ユーリー・ファイエルは強調しました。そのために、彼らは自らの人生、勉学、日常生活のすべてを捧げ、そして多くの場合、家族の幸福さえも犠牲にします…そして、バレエ関係者のリーダーである人々は、私はその中に指揮者も含めますが、これを理解し、認識する必要があります。指揮者は常にバレエとともにあるべきです。したがって指揮者は、バレエに関わる人々の皆が持つ、ダンス芸術とその精神への愛を、彼らと共有せずにはいられません」

音楽監督で、ポクロブスコフ記念モスクワ小劇場の首席指揮者のゲンナジー・ロジェストヴェンスキー

指揮者にとってバレエの公演とは、一方では音楽で表現された振付演技であり、他方では舞台の上での演技が表現された音楽でもあります。音楽のイメージとバレエ演技の条件性を調和させ結合させる能力は、バレエ指揮者の特別の才能です。この才能は、ダンスの詩を完全かつ心から理解する感覚、すなわちダンスを「感じる」能力を前提としています。

ダンスと表現性のある動きの色合いを表現するバレエ音楽には、明るい鮮明なオーケストラの表現力と音楽のしっかりしたアクセントが必要であるため、バレエ指揮者は本質的に感情が豊富で、芸術的な人物でなければなりません。

バレエにおける感情やドラマは、とても視覚的に表現されているので、指揮者

は音楽の小節毎のダンスを頭の中で想像して「踊る」必要があります。上演の間、指揮者は舞台上の主人公たちになるだけでなく、演じるそれぞれのダンサーの個性、身体的な特徴、そして踊りのスタイルなどを理解した上で、主人公になりきります。

バレエの公演には、バレエの制作者たちだけが知っているさらに重要で専門的な秘密があります。一つの例：技術的に難しい踊りのバリエーション（チャイコフスキーの『白鳥の湖』の舞踏会のシーンにおける「黒い白鳥」のオディールが踊る有名な32回のフエッテなど）は一定の時間を超えて継続されることはありません。なぜならダンサーには身体的な限界があり、それを超えると、バリエーションを最後まで踊り続けることは出来ないからです。指揮者はこれらの困難な要素についても理解し、考慮に入れます。

もう一つの例：様々な場所を訪問する公演ツアーの間では、ダンサーたちは未知の舞台の条件にも合わせる必要があります。振付家の意向により、ダンサーが舞台を斜めに飛びながら横断しなければならない場合、舞台の大きさの違いがこのダンスの演技のタイミングに影響を及ぼします。バレエ指揮者は、広さが異なる舞台ごとに、ダンサーの実際のジャンプに合わせた各音楽小節のリズムの内容、そして何よりも、音楽小節の音の持続時間を覚えていないといけません。そのような例は非常にたくさんあります。

ソモフ作
劇場
書籍「侯爵の書」のためイラスト
1918年

指揮者の仕事はリハーサルの段階から始まります。バレエ公演を作るこの段階での彼の主な協力者はバレエピアニストです。振付家とダンサーが一緒に行うすべての最初の作業がピアノの伴奏の下で行われます。公演の準備の最後の段階だけ、バレエのオーケストラの音が登場します。バレエ音楽を最初にダンスとともに

ヴァレリー・ゲルギエフ　マリインスキー劇場の首席指揮者兼芸術監督

音で表す人はバレエピアニストです。バレエピアニストは、公演のバレエ音楽の内容を、公演のすべての参加者（振付家たちとダンサーたち）に正しく伝える役割を指揮者からまかされます。ここでバレエ音楽の演奏のおおよそのテンポが決まります。これはバレエ公演制作プロセスのもう一つの特徴です。

　バレエピアニストは伴奏譜（バレエ音楽の楽譜をピアノ用に編曲したもの）に基づいてバレエ音楽を演奏します。その時、バレエピアニストはバレエ音楽がどのくらいの速さで演奏したら良いか自分で考えます。他方、振付家が作成したダンスによる表現性のある動きの組み合わせは、ダンスのリズムパターン、あるいは特定の音楽テンポを必要とします。バレエダンサーたちも、音楽のテンポに関して要望を言います。例えば音楽に追いつけないとか、音楽がゆっくりすぎるとか。テンポの問題の最終的な解決は指揮者と振付家が行います。彼らは、最終的に必要な妥協点を見つけます。
　さて、リハーサルは終わりました。各分野の責任者とバレエダンサーの大変に創造的、かつ体力を使う何週間かにわたる努力が終わりました。公演は観客に見せる準備が出来ています。

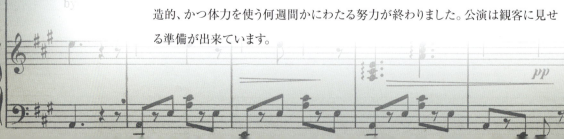

バレエ公演の全体の成否に加えて、振付家、出演者たちの仕事が成功するかどうかは、指揮者に一蓮托生されます。彼が指揮棒を振り上げることにより、オーケストラは序曲を演奏し始めます。幕が開き、公演が始まります。

考察してみましょう

1. バレエ劇場での指揮者の役割は何ですか？
2. あなたはどの有名な指揮者を知っていますか？
3. オーケストラは指揮者なしで演奏できますか？

心の調和を幾何学で確かめます

バレエは古くからありますが、絶えず変化しているため、永遠に若い芸術です。

20世紀の初めまで、バレエには物語としての筋書きがありました。バレエは、著名な文学作品をモチーフとして考案または構成された、ストーリーを持つ脚本を元に上演されました。脚本には、上演されるバレエの筋書きの出来事の詳しい説明や、登場人物の性格とその外観が書かれています。

しかし、バレエにはそのようなストーリーは必ず必要ですか？そして、筋書きのないバレエのパフォーマンスに作品性はありえますか？そのようなストーリーのない舞台ダンスは、観客を興奮させ、感情を呼び起こし、真剣に考えさせることができますか？

才能のある実験的な振付家の作品は、最後の二つの質問に非常に肯定的に答えます。

M. ジチー作
アレクサンドル2世皇帝の戴冠式の際のモスクワボリショイ劇場での公演

筋書きのないバレエは、意味的なイメージではなく、情緒的なイメージに基づいています。これはダンスに具現化された物語ではなく、表現性のある動きで伝えられる気持ち、感覚です。

　このジャンルの始まりとして、ミハイル・フォーキン(『レ・シルフィード』)、アレクサンドル・ゴルスキー(『ラ・バヤデール』の影のシーン)、フョードル・ロプホフ(ダンス交響曲『宇宙誕生の偉大さ』)、ジョージ・バランシン(『セレナーデ』)、レオニード・ヤコブソン(『振付けのミニチュア』)、ゴレイゾフスキー(『束の間の幻影』)などがありました。

　音楽に合わせて、振付家は筋書きのないバレエにおいて、精神性に溢れ、表現性のあるドラマを作ります。

　この実例として、ボリショイ劇場で行われた、一幕バレエの三作品で構成された現代バレエ公演を見てみましょう。この公演はチャイコフスキーの音楽を用いて、バランシンの『セレナーデ』によって始まりました。この『セレナーデ』はバランシンが1934年に、自分の弟子たちを起用してニューヨークで上演したのが始まりです。この上演により、彼はアメリカの現代バレエの基礎を築き、彼の新大陸での芸術活動を始めました。

振付家バランシン
(1904-1983)

　『セレナーデ』は素晴らしい作品です。ロマンチックな表現に満ち溢れていて、その動きの表現の意味は最後まで読み取れません。「これは回想のバレエであり、そして夢のバレエです。過去との別れ(古典的でロマンチックなバレエとの別れ)であり、未来のバレエへの第一歩(はっきりしていない構図、また腕を折り曲げて作る角張った体の形)です」これはデビューしたばかりの頃のバランシンの叙情的な告白です。彼の作り出した音楽性に富み、表現性のある動きのイメージは大変に独自性があり、かつ創意性に優れていたので、彼はアメリカの観客を魅了しました。バランシンの『セレナーデ』では、音楽に包含されている詩的な感覚と叙情的な告白が表現されています。そしてもちろん、卓越したダンス技術もあります。

振付家バランシン(アメリカ)がリハーサルを行う

　二番目の現代バレエ作品は、ウィリアム・フォーサイスのバレエ『ハーマン・シュマーマン』です。これは、複雑な動き、熱狂的なエネルギー、体操のプロのよう

な動き、パロディのユーモアなどが溢れるばかりです。古典形式の「破壊者」として定評を得ていたフォーサイスは、空間におけるダンサーの体の線と形でつくるバレエの運動を観客に見せました。

　プーシキンが戯曲で書いたサリエリ(訳注)のように、フォーサイスは、あえて科学に誘惑されて、創造的な夢の至福にふけるために、幾何学と魂との調和を検証し始めました。彼はイメージや感情の美学の代わりに幾何学的な線の美学を用いました。これは興味深いもので、注目に値します。今では、体の形の数学的なモデル化手法を活用した音楽文化の現象の研究をした本は、世界中に数多く見つけることが出来ます。(訳注：プーシキンは代数の調和を信じ感情を除いた合理的な原則のみに基づいて芸術を創造しようとしたサリエリを皮相的に見ていました)。

　公演は劇としてのストーリーがないので、劇の名前がおどけたものになりました。『ハーマン・シューマーン』という公演の名前は、振付家が、スティーブ・マーティンの映画『スティーブ・マーティンの4つ数えろ』の出演者から発せられた言葉を偶然聞いて、ユーモアで名付けたものでした。

　トム・ウィレムスがこのバレエのために作曲した

ウイリアム・フォーサイスの「ハーマン・シューマーン」のシーン

ベンジャミン・ブリテンの「交響曲レクイエム」の音楽による、イジー・キリアーンの前衛的バレエ「忘れられた土地」のシプリナとヴラジスラフ・ラントゥートフ

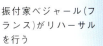

振付家ベジャール（フランス）がリハーサルを行う

「工業的な」音楽について、フォーサイス自身は次のように述べています。「トムの音楽は、それを20年間聞かないと、その音楽がどのようなものかを理解できません。」「ウィレムスはあらゆる音響空間を利用し、音響環境を創り出します。こうして彼は私たちの振付アイデアに対応します」

「振付のアイデアとしては何を考えていますか？」と問われると、彼の答えは単純すぎるものです。「何も考えていません。ただ私たちは体を体系化しているだけです」ですから、音楽と舞台で起こっていることとの関係を探す意味はありません。舞台は単に体の「音響環境」を作り出すだけです。

公演の中では、最初に5人の出演者、次に2人の出演者によって体が「体系化」されます。5人によるダンスは、上演前のダンサーたちのトレーニングに似ています。このようなバレエを見て、人々はフォーサイスによる体の造形性の創意工夫に驚きます。彼はクラシックバレエと現代バレエの表現性のある動きによる真の力のカクテルを作りました。彼のバレエはバランシンのバレエのアイデアに彼自身のイメージを加えたものでした。

しかし、5人のダンスの後の、ディベルティメントのデュエットは、それ自体が独立したダンスです。これは、たとえば、喧嘩したり、または仲直りしたりしている二人の恋人についての魅力的なミニチュアパロディです。ここでは、フォーサイスによる、時にはリラックスした、時には極限に近い造形的な動きによる表現が、才能のあるダンサーたちに創造的な演技の可能性を与えます。

この夜は現代バレエ『ルビー』で締めくくられました。『ルビー』は、イーゴリ・ストラヴィンスキーの『カプリッチョ』の音楽に合わせてバランシンが上演した、三幕構成のダンスパフォーマンス『ジュエルズ』の第二幕です。この『ジュエルズ』というポリフォニーには、アメリカバレエの歴史、そしてバランシン自身の人生の運命の物語があります。

　この公演は、カラフルかつ壮観で、パロディっぽい大袈裟さ、豪華さ、そしておどけた様子があります。バレエ、ショー、音楽という三つの要素の優雅な融合、ヨーロッパとアメリカの伝統の織り合わせした『ルビー』はアメリカにしかない特別なシックな特徴を持っています。

　筋書きのないバレエは、時には常識的でない内容になったり、または素晴らしく成功したりする場合もあり、困難な道を進んでいます。筋書きのないバレエのこれまでの歴史は、プーシキンが言った「たくさんの過ちがもたらすものは経験です」と、「天才は逆説の友人です」という言葉が深い予言性があることを証明しています。

考察してみましょう

1. 舞台ダンスは、ストーリーがなくても純粋に踊りだけで観客を感動させる力はありますか？
2. あなたはどのような現代的な、ストーリーのないバレエを見たことがありますか？
3. ストーリーのないバレエには内容はありますか？

シプリナとツィスカリーゼが踊る

どのようにして
バレエダンサーになれますか?

　人々はさまざまな動機やきっかけでバレエダンサーになります。ある人たちは親の後を追ってバレエの道を歩みます。例えば、マチルダ・クシェシンスカヤ、ガリーナ・ウラーノワ、イルゼとアンドリス・リエパ、アレクセイ・ファジエーチェフなどです。または、親戚、友人、教師など身近な人が、ある人の才能に気づくことがあります。そして、若い年齢にもかかわらず、自分自身でバレエの道を歩む決心をする人たちもいます。

　例えば、私の友人の娘、マーシャは、いつも自分で踊ったり、テレビで他の人が踊るのを見たりするのが大好きでした。彼女が5歳のとき、家族会議で彼女の祖母（小学校の教師）は、ダンスは良い姿勢を形成し、身体を訓練し、子供の美的教育にとても良いと言いました。女の子は地元の文化会館の振付サークルに通うことになりました。ある時、振付サークルの元バレリーナの先生がこう彼女の母親に

ドガ作
バレエクラス
1878年

E. シェガル作
バレエ学校レッスン開始前

言いました。「この子はバレエの才能を持っています。春になったら、ボリショイ劇場の振付学校の専門家に見てもらったら良いと思いますよ」。夕食後、マーシャの母親が夫のセルゲイに、ダンスの先生が言ったことを話した時、彼は手を振りながらこう言いました。「父親、母親、そして祖父の二人が医者という環境で、バレリーナになるなどと、誰がそんな馬鹿げたことをするんだい？」

しかし、マーシャは先生の言葉をよく覚えていて、春になった時、自分をボリショイ劇場の振付学校に連れて行って、と懇願し始めました（彼らはモスクワ近郊に住んでいました）。当初、大人たちは彼女のこの願いを無視していましたが、マーシャが一向に諦めないので、セルゲイは怒り始め、マーシャがばかな考えを止めなければ、彼女を罰として部屋の隅に置くとさえ言いました。しかし、マーシャは幼い年令にもかかわらず、強い性格を示しました。「私はバレリーナになりたいです。私の願いを聞いて、モスクワに連れて行ってもらえるまで、私は部屋の隅に立ち続けます」と宣言しました。そして彼女は本当に1時間そこに立っていました！その後、両親はあきらめ、どうせ彼女は振付学校に合格出来るはずがないと思い、祖母に娘をモスクワに連れて行くようにお願いしました。しかし、彼らが大変驚いたことには、マーシャはすぐに合格しました。彼女は振付学校の課程を無事に卒業し、現在はモスクワで有名なバレエ団のソリストです。

レニングラード振付学校での年少生徒とワガノワ教授

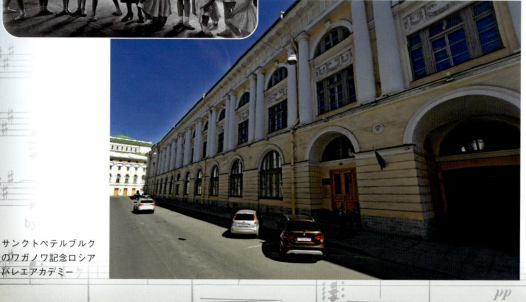

サンクトペテルブルクのワガノワ記念ロシアバレエアカデミー

ワガノワ記念ロシアバレエアカデミーでのデュエットダンスレッスン

　もう一つの例です。ある時、ヴァシーリの母親は息子の非凡な音楽性とリズム感覚に気づきました。彼女は4歳の息子をレニングラード（現在のサンクトペテルブルク）の一つの文化会館にあるダンスサークルに連れて行きました。そのサークルの責任者は経験豊富な先生だったので、有望な「素材」をすぐに高く評価しました。そして、この新しい生徒には、表現性のある動き、リズム感覚、美しい体の形、高い跳躍力などの、多くの「バレエの能力」があることを、この先生は見抜きました。先生はまた、この少年の最初のレッスンの時から、この子にはダンスを単なる遊びとしてではなく、自分の感情を表現する方法として踊っている、と嬉しそうに、そして驚きながら言いました。それから彼のバレエへの困難な道が始まりました。ヴァシーリの友達が学校の勉強の後、かばんを放り出し、サッカーボールを追いかけたりしていた時、彼は遊びを我慢してバレエの教室に行き、関節がパチパチ音を立てるほど、クラシックダンスの動きと姿勢を練習し、理想的な形を実現するまで努力しました。時は経過しました。ヴァシーリは振付学校の課程を無事に卒業し、やがてダンサーとしてのキャリアを積み、今では有名な振付家兼指導教員となっています。

　ニコライはモスクワっ子です。彼は、両親の仕事が芸術に関係のない家庭で育ちました（お母さんは医者で、お父さんは工場で働いています）。両親は息子が外でぶらぶらしながら遊ぶのではなく、習い事も好きになってもらい、バランス良く成長することを望みました。そのため両親は息子をさまざまな教室に連れて行きまし

バレエ振付アカデミーでの年少生徒

モスクワ振付アカデミーの校長マリーナ・レオノワのクラスで、ロンドンロイヤルバレエ団の将来のプリマバレリーナ　ナタリア・オシポワが勉強している

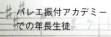

バレエ振付アカデミーでの年長生徒

た。水泳、お絵かき、フィギュアスケート、民族ダンス、社交ダンス、音楽、体操など。両親は彼に一番好きなものを選んで欲しいと思いました。

　しかし、運命が彼の人生を決めました。あるスポーツコーチは彼の母親にこう言いました。「この子は体力的に良い素質があるけれども、体操をするには体が柔らかすぎます。一度、振付家に見てもらったら良いと思います」この会話は、ニコライの人生における別の重要な出来事と時期が一致しました。ボリショイ劇場のソリスト、ゲナディ・レジャーフの指導の下、振付教室で学んでいた同級生の女の子が、この教室による『くるみ割り人形』の公演を見てもらおうと、ニコライを地域の文化会館に招待したのです。

　バレエは8歳の少年に大きな感動を与えました。彼は帰宅すると「王子を踊りたい」とはっきりと言いました。「王子」を

優れた指導教員である
ピョートル・ペストフ
(モスクワ振付アカデミー)が授業を行う

踊るまでには、もちろんまだ途方もない道のりがあります。そして、母親は医者として、息子がどれだけの身体的な苦痛を今後、経験しなければならないかを分かってはいましたが、彼の願いをかなえることにしました。

　子供が芸術的職業を選択する際における母親の役割は非常に大きいです。通常、才能は早い時期に現れるので、早めにそれに気づくこと、そしてその後、子供が芸術に取り組む毎日を支えることが重要です。これは、子供たちの将来のために犠牲をいとわない母親だけが行うことが出来ます。彼女らは助言者を探し出し、優秀な教師を見つけ、子供たちを朝起こし、学校に行かせ、おいしい料理を作り、栄養のバランスのある食事の計画を作り、演劇の衣装を作り、彼らが悲しい気持ちになった時には慰めます。多くのバレエのスターは、自分の創造的な人生の確立に協力してくれた母親に感謝しています（振付家・指導教員のナタリア・カサトキナ、振付家のヴァシーリ・メドヴェージェフ、ボリショイ劇場のプリマバレリーナのエカテリーナ・シプリナ、ボリショイ劇場プレミアのニコライ・ツィスカリーゼなどの人々です）。

　そのような話はたくさんありますが、それらを話し出したら時間が足りません。でも皆さんはどこでバレエの勉強が出来るかを知りたいですよね？

　答えは振付学校です。それらのいくつかはロシアにありますが、主なもので最も古い（200年以上前に作られた）ものはサンクトペテルブルクとモスクワにあります。少年少女は9歳か10歳の間にそこに入学します。選考は複雑で、いくつかの段階で行われます。経験豊富な指導教員は、子供たちの振付能力を見抜きます。そして時には、彼らの将来の可能性さえを予測します。医師は子供たちを様々な面で検査します。なぜならバレエダンサーのトレーニングは大きな身体的な負荷が伴

モスクワ国立振付アカデミー

います。従って、完全に健康な子供だけが振付学校で勉強することができます。

　バレエ学校の生徒になるためには、どのような生まれつきの能力を子供たちは持っているべきですか？

　第一には、良い体の形、つまり生まれつきに体のバランスが良く、美しい形の足と腕を持ち、自然に足首を開ける能力（両足は完全に外側に開き一直線になり、両肩のラインと平行になるように足首を簡単に広げる能力）があり、しっかりした筋肉を持ち、簡単に高くジャンプが出来ることです。そして協調性があり、リズム感、音楽性、芸術性（音楽本来のムードを表現性のある動きで表現する能力、芸術的なイメージを作りたいという直観的な希求）があることです。

サンクトペテルブルクのワガノワ記念ロシアバレエアカデミーのツィスカリーゼ校長が授業を行う

経験豊富な専門家は、ダンサーとしてのいくつかの資質については、通常の動きを見ただけで見抜くことが出来ます。他方、特定のタスクやテストをしなければ見いだせない資質もあります。

　さて、すべてのテストは終了しました。振付学校での勉強の年が始まります。ダンスの勉強が簡単で楽しいものだと考える人は間違っています。この人たちはプーシキンが書いたロシアのバレリーナ、アフドチア・イストミナについての詩を読んで、バレエのイメージを作っています：

輝いています、とても軽く、
魔法のバイオリンの音に従っています、
舞台の上にイストミナがいます、
ニンフたちが近くに集まっています、
イストミナは片方の足のつま先で床に立っています、
もう一方の足はゆっくりと回転しています、
そして突然ジャンプし、そして突然飛んでいます、
強い風で飛ばされた綿毛のように彼女は飛びます、
体を曲げたり戻したりします、
そして足と足とが軽快に叩き合います。

指導教員のソフィア・ゴロブキーナが授業を行う

クラシックダンスの基礎を勉強する道は長くて大変です。

簡単なことから複雑なことまで勉強します。一日はまさに分単位でスケジュールが作られています。通常の学校で教えられるすべての一般教育課程の授業が終わった後に、ダンスと音楽の課程の授業が行われます。

初等の年次では、生徒は動きの個々の要素、次に動き自体、次に動きのコンビネーションを習得します。より上級の学年では、さまざまなダンス、ダンスのコンビネーション、さらにバレエの複数のパートの全体を習得します。私たちが皆、勉強してきた読むことや、書くことと同様です。覚えていますか？最初に、個々の音と文字、次に個々の単語、次に個々のフレーズ、そして最後に完成したテキストを勉強します。最初は短い詩、おとぎ話、簡単なストーリー、そして次に短い物語、中編小説、詩、そして長編小説。読書をしながら、私たちはストーリーの中で主人公の気持ちになり、作品の内容を掘り下げます。

それはダンス芸術にも当てはまります。生徒たちは技術的にしっかり正しく踊ることを学び、同時にそれぞれのダンスイメージを感情と生命で満たし、主人公の運命を生きます。

経験豊富な教師の指導の下で、毎日継続的に練習が行われる中で、子供そして

バレエ振付アカデミーでの年少生徒

バレエ振付アカデミーでの年長生徒

ティーンエージャーの自然な資質が発達し、将来のダンサーの技術的および演技的な能力が形成されます。

　しかし、振付学校での勉強は、理解と発見をする時間であるだけでなく、時には悲しい現実を知らされる時間でもあります。すぐにうまく出来ないことだけがその理由ではありません。自然な体の成長と成熟の期間中に、一部の生徒は体が変化します。一部の子供は太ってしまい、別の子供は体型が変化し、体のプロポーションがくずれてしまいます。バレエ学校でそのような子供たちが勉強を続けることは、問題になるか、あるいは将来につながらない無駄な努力になってしまいます。クラシックダンスには、独自の美学、独自の芸術的基準、独自の優雅さと美しさのイメージがあります。私たちはこれを考慮しなければなりません。

　しかし、こういう状況が悲劇を作ってしまうと思う必要はありません。普通の生活や他の職業では、成長による外見の変化は実際には重要ではなく、場合によってはプラスになることさえあります（例えば、モデルビジネスでは、背の高い女の子や男の子を好み、劇や映画における性格俳優にはがっしりした、または少し太った体系の人が多くいます）。

　もちろん、クラシックバレエの歴史には例外もあります。バレエを始めた年が遅い人々（コンスタンチン・セルゲーエフ、アサフ・メッセレル、ルドルフ・ヌレエフ）、もし

くは何らかの体形の欠点にもかかわらず有名になった人々(エカテリーナ・ゲルツァー、ヴァーツラフ・ニジンスキー、ガリーナ・ウラーノワ)がいます。しかしこれらの人々は例外と考えるべきでしょう。クラシックダンサーに望まれる一般的な基準が厳然としてあることを理解すべきです。

ロシアのクラシックダンス学校は長年にわたり発展してきました。その教育は、何世代にもわたる素晴らしいバレリーナやダンサーによって蓄積された伝統と経験に基づいています。それらはダンス学校の生徒や多くのバレエを学ぶ人々に受け継がれています。ダンス学校の最大の成果は、ワガノワによるユニークなクラシックダンス教授法です。このメソッドは彼女の著書「クラシックダンスの基礎」に示されています。

ワガノワ教授の目指したことは、将来のバレエダンサーに、それぞれの基本的な動きの技術の秘訣を教えることです。これにより、クラシックでも、または現代振付であろうと、あらゆるダンス、あらゆるダンスコンビネーションの演技中に、最小限の体力的な負担で、最大の効果を達成できます。

子供がバレエ学校に入った最初の日から、バレエダンサーの舞台での人生が終わるまで、週末と休日を含めて、彼らの毎日はクラシックダンスのレッスンで始まります。この毎日のトレーニングは、体を良好な「ダンスのコンディション」に保つのに役立ち、バレエダンサーを専門とする人が今後、直面する三つの課題(毎日の練習、リハーサル、公演での演技)に伴う身体面でのつらさに耐えることを可能にさせます。

年次が上がるにつれて、生徒たちはダンスの高い専門的スキルへの階段を上ります。しかし、スキルは将来のバレエダンサーの構成要素の一つにすぎません。本物の芸術家は創造的です。従って、バレエ学校では、一般教育と音楽および芸術教育が重要視されています。

芸術家を育成する学校教育は8年間続きます。たくさんの汗を流し、そして、バレエを自分たちの職業として本当に愛していることを、自らの努力と才能によって証明し、バレエに一生を捧げることを決意した人々だけがバレエの舞台で踊ります。

ここで、バレエを既に勉強している人々、そしてこれから勉強したいと思っている人々への、幸運をお祈りするメッセージとして、ワガノワ教授の言葉を引用したいと思います。

アサフ・メッセレル
(1903-1992)

コンスタンチン・セルゲーエフ
(1910-1992)

ルドルフ・ヌレエフ
(1938-1993)

「人々からの拍手喝采は、もちろん良いことですし、嬉しいものです。しかし、人々は、もし欠点があっても、しばしばそれに気づきません。私たちは、特に何か成功した後は、自分自身についてより厳格になって、自分に不足していることについてもっと知る必要があります。でも成功した後は、そんなに一生懸命働きたくない気持ちになりますよね？でも仕方がありません。私たちは自分の芸術にふさわしい存在でなければなりません。そしてそれを達成するには何といってもたくさんの努力が必要です」

卒業コンサートでの公演

考察してみましょう

1. バレエダンサーという職業のどこにあなたは魅力を感じますか？
2. あなたは自己規律を保ち、汗だくになるまで毎日のハードワークを行うことができますか？
3. なぜバレエは「詩人」だけでなく「物理学者」にも愛されるのでしょうか？

「あなたは私と同じほど劇場公演が好きですか?」

　偉大な評論家ヴィッサリオン・ベリンスキーのこの問いかけの意味を考えることもなく、何十万人もの大人と子供が毎日劇場に行き、新たな体験、夢、感動と瞑想の世界に飛び込みます。しかし、劇場への訪問には、フランス語の「エチケット」と呼ばれる不文律があることを知っていなければなりません。ここにそれらのいくつかを紹介します。

G. クリムト作
ウィーンのブルク劇場
の内部
1888年

ルール1：劇場に行こうと思った時には、何を見たいのか、何を聞きたいのか

を決めてください。ドラマ、コメディ、ボードビル、バレエ、オペラ、オペレッタ、ミュージカル、ショー、ポップパフォーマンス、コンサート。あなたにとって面白くて快適な場所に行ってください。ボリショイ劇場で退屈してあくびをするよりも、ショー劇場やサーカスで楽しむほうがずっと良いです。好奇心から、オペラを見に行き、その公演が面白く思わない場合でも、気にしないでください。おそらくこれはあなたには合わない舞台芸術です。オペレッタ、ミュージカル、バレエの方があなたの好みに近いかも知れません。芸術作品を理解して好きになるまで、劇場に何べんも通いなさい、とあなたに強く勧める人々を信じないでください。無理矢理では愛は生まれません。わくわくする気持ちから劇場に来て常連になった人を私はたくさん知っているけれども、強制されて好きになった人を私は一人も見たことがありません。

ルール2：公演のチケットは、劇場のチケット売り場や、インターネットで購入することをお勧めします。そこでは、観客席の図や座席の配置を知ることができます。そうすると、どの席が自分にとって良いかを簡単に判断することが出来ます。1階観客席の豪華なひじ掛け椅子で、前列に座る人の後頭部を2時間続けて眺めるのか、それともお金を節約して、舞台からは遠いけれども、桟敷席の1列目から公演を楽しむか、を決めて下さい。

P. ルノワール作
劇場の桟敷席
1873年

ルール3：時間通りに劇場に来るのが良いマナーです。交通渋滞、駐車場の問題、入口での安全検査、クロークなどにおける待ち時間が生じる可能性があることも考える必要があります。汗をかいて激しく呼吸して、開始直前に観客席に走りこまないように、時間を正しく計算することが重要です。上演開始の約30分前には到着するようにしてください。そしてお手洗いで身なりをチェックしたり、プログラムを購入して読んだり、ロビーに掲示された当日に出演するアーティストの写真を見

たり、そして上演の間は、携帯電話は使えないので、電源を切る前にあなたが無事に劇場に到着したことを家族に知らせたりすることをお勧めします。

ルール4：劇場に行くときは綺麗な服を着たほうが良いですが、スポーツする時のトレーニングウェアでない限り、カジュアルな服装で行くこともできます。

ルール5：三回目のベルの前に観客席に入る必要があります。遅刻した場合は、残念ながら、席に座らず、立ったまま第一幕の全部を見なければなりません。

M. カサット作
桟敷席で真珠のネックレスをつけている女性
1879

ルール6：観客席中央の自分の席まで歩くときは、自分の顔を客席側に向け、背中を舞台に向けます。あなたの場所に間違えて誰かが座っている場合は、劇場のスタッフに声をかけてください。スタッフはすべてを解決してくれます。

ルール7：アイスクリーム、サンドイッチ、ソフトドリンク、音の出るお菓子などはビュッフェで食べて下さい。それらを客席に持ち込んで、隣の人に迷惑をかけてはいけません。

ルール8：客席に座った時、両方の肘掛けに手を置かないでください。隣の人の邪魔になる可能性があります。二人で来た場合は、あまり相互が接近して座ってはいけません。後ろに座っている人に公演が見にくくなる可能性があります。

ルール9：劇場用双眼鏡で観客を見ないようにしましょう。舞台での演技を見ることのみを目的とすべきです。

ルール10：上演中は、話したり、お菓子を開けたり、花の包み紙で音を立てたり、大声でくしゃみをしたり、咳をしたり、鼻をかんだり（病気や風邪をひいている

場合は、家にいるほうが良いです）、周りや自分自身の写真を撮ったりするのは良いマナーではありません。演劇のストーリー、アーティストの演技、演出について自分が感じたことは、演技中ではなく、休憩中または公演終了後に話し合うことをお勧めします。

　ルール11：子供を劇場に連れて行く親の皆さん、もし今度が初めて家族一緒に劇場に出かける日でしたら、この日を子供にとって、新鮮な驚きと楽しさに満ちた日にしてください。劇場、そして公演とはどのようなものなのか子供に教えてください。自分の子供の頃、最初に劇場に行った時の印象を、そして劇場で自分がどう振る舞ったかを子供に教えてください。色々な部屋、ホワイエの装飾、観客、ポスター、壁に貼られたアーティストの写真、ビュッフェ、さらにはお手洗いさえ、子供は劇場の中のものすべてに興味を持っています。休憩時間には、子供に公演について色々な質問をして、ビュッフェでは必ずおいしいものを買ってあげてください。子供の第一印象は、この芸術と彼らとの将来の関係に大きな影響を与えます。

　ルール12：休憩中に偶然に有名人（芸能人、テレビの司会者、そして政治家たちも劇場に行きます）に会った時、彼らが歩いているところで、びっくりして立ち止まったり、興奮して彼らを指さしたり、パパラッチみたいに柱に隠れて彼らを撮影しないでください。有名人は注目されるのに慣れているし、色々な経験をしていますが、しかしあなたは自分の恥ずかしい面を示さないようにしてください。

ドガ作
劇場用双眼鏡を持つ女性
1875-1876年頃

　ルール13：劇場では拍手で自分の気持ちを表わすのが習慣です。これは観客からの率直な意思表示であり、公演に携わった人々にとって、このような拍手を受けるのは嬉しいことです。観客はお気に入りのアーティストに花をプレゼントします。アーティストが公演の終わりに観客に別れを告げるために舞台エプロンに出て来て挨拶をするときに、花が渡されます。観客が舞台に上がって、直接お気に入り

のダンサーに花束を渡すことが出来る劇場もありますが、一方、スタッフを通して花が渡される劇場もあります。花は包みがフラワーアレンジメントの一部でない限り、包みなしで渡す方が良いです。

　ルール14：上演中は席を立ってはいけません。たとえ公演が気に入らなくても休憩の時間まで待ってください。

　ルール15：公演の終わりを告げる幕が降ろされた直後に観客席から出口にあわてて向かわないでください。アーティストは通常、観客に別れを告げるために、もう一度舞台エプロンに現れます。彼らが与えてくれた喜びに拍手で感謝し、その後、出口に進んでください。

　公演後もあなたは舞台で起こった出来事にドキドキし続けたり、頭の中でストーリーを思い出してずっと考えたり、あるいは、あなたの心の中で溢れている気持ちを親しい人と共有したいと思うかもしれません。もしそうならば、それはあなたにとって舞台芸術との素晴らしい出会いがあったことであり、きっとその出会いはあなたの舞台芸術への強い愛着の始まりとなるでしょう。

ジリンスキー作
芸術劇場の春
1988年

真面目な話ですか? 冗談ですか?

　子供がいつ真面目に、いつふざけて言っているのかは、はっきり分かりません。彼らは両親や近しい人がずっと長い間覚えているような、とても面白いことを言います。子供たちがバレエについて話した面白い笑い話を紹介します。

＊＊＊

　私は4歳の娘とバレエ『眠れる森の美女』に行きました。王女が針で指を刺して眠りについたとき、バレエは休憩になりました。休憩時間に私たちはカフェに行きました。

「お母さん、お茶を飲んでいる間に、バレエは始まってしまわないの?」娘は尋ねます。

「いいえ、まだ時間はありますよ」

「そうだ、彼女は今から百年間眠るんだよね。じゃあ私たちは急がなくても大丈夫だね」

＊＊＊

　ペーチャ(5歳):「お父さんがくれたおもちゃの鉄砲を僕が持っていなかったのは残念だったよ。僕はくるみ割り人形を助けて、すべてのネズミたちを撃ってあげたのに…」

＊＊＊

　息子(4歳)がテレビでバレエ『白鳥の湖』を見ています。小さな白鳥たちの踊りが始まります。

「お母さん、なんでおばさんたちは木の柵のような形になって踊っているの?」

＊＊＊

劇場はバレエ『白鳥の湖』を上演しています。6歳の男の子が驚いて尋ねます：
「お母さん、白鳥はどこ？」
「ほら見て、舞台の上にいるでしょ」
「それは白鳥なの？それはダチョウみたいだよ」

* * *

私は子供とバレエを見に劇場に行きます。ターニャ(6歳)は、オレンジ色のセーターと黒いズボンを着たいと思っています。それは彼女が毎日来ている服です。
「その服は普段いつも着ている服ですよ！」と私は反対します。「ダンサーたちはすぐに普段着を着ているあなたに気づきますよ」
「いつもの服の方が良いよ！」とターニャは言います。「だって、ダンサーたちは『良い女の子ですね、彼女はいつも公演を見に来ているよ』と思うだろうから」

* * *

週末に、私はオクサーナ(4歳)を劇場に連れて行ってバレエを見ました。子供が一流の芸術を知る時が来ました。祖母は、孫娘はまだ小さいのですべてを理解できないのでは、と大変心配していました。

私たちは家に帰ってきました。気になって祖母は聞きます：
「オクサーナ、バレエはどうだった？」
「良かった」
「特に何が気に入ったの？」
「休憩中にお母さんと美味しいアイスクリームを食べたこと」

* * *

ダビド(5歳)は祖父と一緒に劇場に行きました。彼は感情が高ぶりながら帰ってきました。家族は尋ね

始めました。「あなたはどこに行ったの？何を見たの？公演はどうだった？」
「僕たちは『映画館』に行って来たよ！お母さん、すごかったよ！くるみ割り人形、お姫様、ネズミの王様がいたよ。クリスマスツリーはあったけど、本物じゃなかった。くるみ割り人形がサーベルを取り出し、ミュータント忍者タートルズのようにネズミを殺したよ。ヤー！」

* * *

劇場が幼稚園にやって来ました。私は娘に尋ねます：
「ヴィカちゃん、公演は楽しかった？」

「うん」
「なんの公演だった？」
ヴィカはそれについて考え、そして答えました：
「お母さん、これは見ないと分からない」

* * *

アルチョム（4歳）はお父さんと一緒にテレビでバレエを見ています。
お父さんはテレビで何が起こっているのかを彼に説明しています：

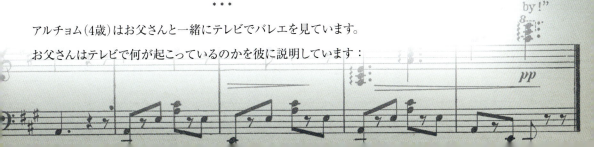

「ここに女の子がやって来ました。若い男が彼女に近づきます。彼女は踊ります。でも近寄りにくい冷たい顔をしています」

「だったらなんで来たの？」子供は男性の立場になって、驚いて尋ねます。

* * *

私たちは娘と一緒にバレエを見ました。帰り道の間、私たちはバレエを見た印象を話しています。私の娘(8歳)は公演が気に入りましたが、最後に彼女は恥ずかしそうに尋ねました：

「お母さん、なんで王子は公演の間ずっとストッキングのままで踊ったの？彼がいつ服を着るのかな、と私はずっと心配して待っていたの」

* * *

私は娘と一緒にバレエ『白鳥の湖』を見ています。

「これは邪悪な魔法使いですよ」と私は説明します。「彼は女の子を白鳥に変えました」

「彼は悪い人？でも彼はとても美しく踊っているよ。彼のどこが悪いの？」

* * *

「新しいバレエでどんな印象を受けるかは、私によって決まります」

「あなたは舞台監督ですか？」
「もっとすごいよ」
「音楽評論家？」
「違いますよ。私は照明係りです」

* * *

バレエ『ハムレット』の初演の翌日に登場した最も卓越した批評の一つ：
「ここ数年、誰がハムレットを書いたのか、ウィリアム・シェイクスピアかフランシス・ベーコンなのかについて議論が続いています。そして、私たちはこの論争を完全に解決する方法を知っています。今すぐにこれらの作家の墓を開けて見たら良いです。昨日のバレエ公演のせいで、恥ずかしくて顔が赤くなっている人がハムレットの本当の作者です」

* * *

二人のコール・ド・バレエのダンサーの間の会話：
「なぜリズムに合わせることが出来ないのですか？」
「音楽が私を邪魔しています」

* * *

長年会っていない同級生同士の話：
「どんな仕事をしているの？」
「私は劇場で踊っています。私はダンサーです」
「じゃあ、本当のことを言いたくなかったら話さなくて良いよ」

* * *

「昨日のコンサートはどうだった？踊りは良かったでしょ？」お父さんは幼い息子に尋ねました。
「良くなかった」息子は答えました。「彼らは最後に観客の要求に応じてダンスを何回か踊り直さなければならなかったから」

* * *

バスで：
「お嬢さん、もしかしてあなたはバレリーナですか？」
「はい、でもどうして分かったのですか？」
「あなたは足で手すりにつかまっているからです！」

* * *

バレエダンサーは楽屋に座って、こう考えています。「私の身体のストレッチはとても素晴らしいです！そして、足首は素晴らしいです！体の柔らかさ！体の柔軟性の表現！とにかく私はなんて天才なのでしょう」

ここで出演者たちへの業務上の呼び出しがありました：

「『つららダンス』の皆さん、舞台に上がって下さい！」

「『つららダンス』か…」と、ダンサーは悲しくため息をつきました。

私はあなたに「またお会いしましょう」と言います

　バレエ劇場の舞台裏を訪ねる私たちの旅は終わりました。

　あなたはバレエの公演がどのようなものかを学び、そしてその制作に関わる人々について知りました。この本を読んだ後、読者の皆さんが、バレエに興味を持ち、バレエ公演のプレミアのために劇場に行き、もしかしてダンスの芸術に専念したいと思うならば、私はうれしく思います。

　ダンスの世界はとても大きくて、魅惑的で美しいです。一度訪れたら、なんべんも見たくなるでしょう。ですから、私はあなたに別れを告げません。劇場、コンサートホール、バレエの教室、ディスコ、ダンスホールなど、ダンスに関連する場所で、またきっとあなたとお会いすることがあるでしょう。

　心をこめて、ヴァレリー・モデストフ

訳者あとがき

柴田洋二

著者、ヴァレリー・モデストフについて

ヴァレリー・セルゲイビッチ・モデストフはロシアのウラル山脈西部に位置するキーロフで看護師の家族に1945年に生まれました。レニングラード州立大学の哲学科を卒業。フセソユズ外国放送の編集局、旧ソ連外務省アカデミーの事務局、旧ソ連文化省の教育機関および科学機関の総局を経て、現在は出版社「HL」の編集者です。同時に彼は文学研究所で働いています。1997年以来、同研究所の文学翻訳部門の責任者を務めています。彼は文学、文化、芸術、教育などのさまざまな分野に関する多数の出版物の著者です。ロシア文化の発展への貢献が評価されて、モデストフは「ロシア連邦文化功労者」の称号を授与されました。

本書について

ヴァレリー・モデストフの「バレエ その魔法の世界」は、バレエの素晴らしい世界を紹介しています。読者はバレエのパフォーマンス、バレエを創作する人々、バレエ芸術のさまざまな「未知の世界」や「秘密」について、興味深いことをたくさん学びます。そして読者はバレエ芸術の舞台裏を訪れ、アーティストたちと知り合うことができます。

そして何よりも読者はこの本を通して、バレエは、多くの芸術の要素、すなわち創作文学(脚本)、舞台美術、音楽、振付によって構成される、スケールの大きな総合芸術であることを知ります。これらの要素が一つの作品の公演として制作され

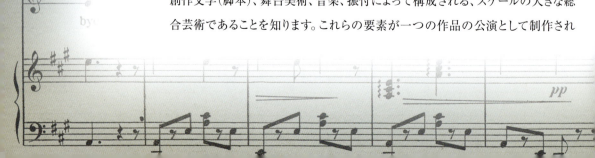

るとき、それにかかわる人々が、作品の芸術表現の目的意識を共有し、互いのチームワークを持つことがいかに大切であるかを理解します。そして読者は総合芸術としてのバレエ公演制作の中心が振付家であることを知ります。

　もう一つ読者が知ることはダンサーの「造形的な動き」(plastic movement of the body)による美です。著者はこう表現します。「振付家は、自然の最も完璧な創造物の一つとしての人体の造形的な動きによる表現性の中で世界を見ています。振付家は、美の世界、そして詩の世界を、芸術的な表現性のある体の造形的な動きによるバレエ表現に置き換えます」

　総合芸術としてのバレエの各要素について本書は以下、記しています。

　バレエの脚本の元となる創作文学がストーリーとして優れている必要があることは言うまでもありません。他方、バレエの脚本は、舞台において視覚、アクション、場面としてストーリーの楽しさを伝えます。著者はある「いじめっ子」がバレリーナと知り合うことによりバレエの道に進むまでのストーリーを題材にして、そこからバレエの脚本のシナリオ作りを分かりやすく例示しています。

　舞台美術ですが、ロシアの著名な舞台美術家のシモン・ヴィルサラーゼは、舞台美術における統合的なデザイン、芸術的創造を実現しました。また彼と、振付家のユーリー・グリゴローヴィッチが取り組んだ『石の花』、『愛の伝説』、『くるみ割り人形』などでの振付表現と視覚芸術のバレエの歴史に残るコラボレーションが本書に書かれています。

　バレエの音楽においては作曲家と指揮者が大きな役割を果たしています。作曲家についてはチャイコフスキーの偉大さに読者は驚かざるをえません。従来のバレエ音楽が脚本を単に説明的に再現していたのを、チャイコフスキーはバレエ公演全体で演奏されるバレエ交響曲を作り出しました。また彼は振付家プティパとのコラボレーションでも素晴らしい作品を残しました。著者はまた指揮者のバレエ公演における重要性を強調しています。指揮者には音楽の詩、ダンスの詩を感じる芸術的な心が必要だと言います。そしてバレエ公演を一蓮托生される指揮者の役

割の大きさ、重要性に読者は目を見張ります。

　振付家の仕事について著者はこう記します。「振付家は演劇における演出家に近いのですが、演劇の演出家は劇作家がすでに創作した劇を演出するのに対して、振付家はバレエの脚本と音楽に基づいて、自分自身でバレエ公演の『ダンスのテキスト』を作ります」振付家は、まさに無の状態から音楽のイメージをつかみながら、ダンスを創造します。バレエダンサーには様々な個性や性格があるので、振付家は彼らの個性を生かしながら振付表現を作り出します。

　振付家のグリゴローヴィッチについて著者は語ります。「『愛の伝説』の物語のバレエを上演する時、グリゴローヴィッチは、この作品の元となった7世紀から知られているペルシャの伝説で、美しい王女シリンについての様々な物語のすべてのバージョンを読み、また、彼はこの伝説の物語を描いた数十のフレスコ画、タイル絵、ミニチュアのモニュメントを見に行きました。彼は東洋の神秘的な世界を感じて理解したいと思いました」振付家の芸術表現における飽くなき情熱が感じられます。

　この本の対象となる年齢層ですが、私は、この本は幅広い年齢層にわたり読んでほしいと思います。親が読み聞かしてくれるならば、4-5歳くらいのお子様でも楽しめます。美しく、素晴らしい多くの写真や絵画が盛り込まれていて、見ているだけでも楽しくなる本です。他方、この本に書かれている総合芸術としてのバレエの構成、人体による造形的な動きの芸術性を理解し、そしてバレエ芸術における音の詩、ダンスの詩の意味を感じ取ることは、大人でさえも深い考察が必要かも知れません。

　この本により読者はロシアのバレエの歴史と伝統、そしてロシアのバレエ芸術の深さを知ります。また著者は多くの詩を引用していますが、それぞれの詩が、本文の内容を大変美しいイメージで表していて、著者の詩的な心に感動します。なお「考察してみましょう」ですが、これは本書の内容をさらに深く理解するためのものであり、必ずしも本文中に質問への回答が記載されてはいないことを申し添え

ます。
　この本を通して多くの日本の方々がバレエ芸術の深さ、素晴らしさをさらに知って頂けたら幸いです。

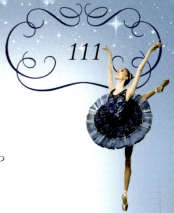

バレエ　その魔法の世界

2025 年 3 月 14 日　初版第 1 刷発行

制　作 ─── ベールイ・ゴーラド社
日本語翻訳 ─ 柴田 洋二　イリーナ・ミロノワ
発行者 ─── 唐澤 明義
発行所 ─── 株式会社 展望社
　　　　　　〒112-0002 東京都文京区小石川 3 丁目 1 番 7 号 エコービル 202 号
　　　　　　TEL　03-3814-1997　Fax　03-3814-3063
印刷・製本 ─ 株式会社 東京印書館
展望社ウェブサイト　https://tembo-books.jp/

©Yoji Shibata 2025 Printed in Japan
ISBN978-4-88546-456-0

　＊落丁本・乱丁本はお取替えいたします。
　＊定価はカバーに表示してあります。

◆◆◆ 展望社の好評既刊 ◆◆◆

バレエ
その限りない可能性

制作　マン、イワノフとフェルベル社
日本語翻訳　柴田洋二　イリーナ・ミロノワ

ISBN978-4-88546-445-4
定価2500円（本体2273円＋税）

ある少女の物語
ガリーナ・ウラーノワの半生

著　マグダリーナ・シゾワ
日本語翻訳　柴田洋二　イリーナ・ミロノワ

ISBN978-4-88546-444-7
定価2000円（本体1818円＋税）